Domina el arte de la conversación
25 técnicas comprobadas para cautivar y conectar con cualquier persona

Imprimir

Título del libro: Domina el arte de la conversación
Subtítulo del libro: 25 técnicas comprobadas para cautivar y conectar con cualquier persona
Autor: Natasha Tillett Slayton

Autor: Natasha Tillett Slayton
Contacto: wakdeamay@gmail.com

Domina el arte de la conversación

25 técnicas comprobadas para cautivar y conectar con cualquier persona

Escrito por
Natasha Tillett Slayton

India
2024

CONTENIDO

Cómo Never tener una interacción desagradable

Todo el mundo quiere parecer más carismático. Todo el mundo quiere agradar y ser encantador. ¿Alguna vez has pensado en lo que significan estas palabras? ¿Qué hace que una persona sea tan magnética y atractiva mientras que otra sea aburrida o irritante? Es posible que al final de esta guía tenga respuestas diferentes a las que tenía cuando comenzó.

Examinaremos los principios que subyacen a mejores conversaciones, conciencia social y empatía inteligente, para ayudarlo a tener interacciones más atractivas y conectadas, ya sea con sus amigos, colegas o parejas románticas.

El mayor obstáculo para convertirse en una persona carismática y fascinante es no entender qué es el encanto. No es necesario ser un buen conversador ni introvertido.

Empecemos.

Reflejame

¿Has observado alguna vez cómo se comunica una madre con su bebé? Se miran fijamente y la madre amplifica cualquier ruido o expresión que hace el bebé.

Incluso... el bebé observa embelesado. Estáis siendo testigos de una forma primitiva y antigua que nuestra especie ha utilizado desde sus inicios.

La conversación suele verse como algo que ocurre verbalmente, pero la verdadera conexión social comienza mucho antes de que se pronuncien las palabras. Aquí es donde entra en juego el reflejo. Los humanos, como animales sociales, han desarrollado la capacidad de observar y adaptarse en situaciones sociales. Esto nos hace sentir más escuchados, comprendidos y parte del grupo.

El reflejo es cuando imitamos la comunicación verbal o no verbal de otra persona. Podría ser tan simple como imitar el lenguaje corporal o la postura de la persona, o usar palabras, inflexiones o volúmenes de habla similares. O incluso podría adoptar reacciones faciales similares a las de ellos. Lo hacemos con tanta naturalidad que no necesitamos que nos digan lo que estamos haciendo. Lo que normalmente intentamos decir es: te entiendo. Entiendo. Entiendo.

Reflejar no es un truco. Es la base de una buena comunicación y empatía. Imagínense lo que se siente cuando la gente no reflexiona. Es posible que se sienta vulnerable y molesto. La persona con la que estás hablando responde con ligereza. Su voz es más fuerte, su tono más relajado y su lenguaje corporal más enérgico. No pensarías que estaban prestando atención, ¿verdad?

Imagina que estás compartiendo una buena noticia con alguien y esa persona no muestra el mismo entusiasmo en su voz, expresión facial o palabras. Quizás sepas que no están tan entusiasmados como tú, pero su negativa a reflejar tu entusiasmo es una señal de falta de respeto.

La duplicación es una excelente manera de comunicar confianza, respeto y conexión. No es necesario utilizarlo pero facilita mucho la comunicación. Incluso hay pruebas científicas de esto. En un estudio de 2008 publicado en el Journal of Experimental Social Psychology, se pidió a 62 estudiantes que negociaran. Los estudiantes que utilizaron la duplicación pudieron alcanzar una resolución el 67% de las veces, mientras que los que no utilizaron la duplicación solo alcanzaron una solución el 12,5% de las veces.

Curhan et al. publicó un artículo similar en 2007. En el Journal of Applied Psychology, se descubrió que el reflejo en general predecía mejores negociaciones, y estos efectos ya eran evidentes en los primeros cinco minutos de conversación. No es difícil ver por qué: ¿Qué podría ser más beneficioso para una negociación que una fuerte comunicación de empatía y similitud entre las dos partes?

El reflejo es una forma de mejorar lo que ya estás haciendo de forma natural. Debe ser natural. Aquí hay unos ejemplos.

Un cliente llama para quejarse. Aunque usted piensa que la queja es trivial, es evidente que están molestos. Eliges hablar como ellos. Dejas tu discurso y hablas más en serio. Hablas más lento porque ellos hablan lentamente. Le muestras a la persona lo que quieres decir en lugar de decir "Entiendo de dónde vienes".

Recordando lo que están comunicando. Este es un espejo verbal.

Estás en una cita y quieres que la otra persona sepa que la disfrutas. Notas que a veces te rozan el brazo o el hombro con la mano cuando sales a caminar. Haces lo mismo unos minutos después. ¡La señal no verbal es clara! Te inclinas sobre la mesa cuando estás conversando y ellos hacen lo mismo. Sonríes y ríes también. Os estáis convirtiendo el uno en el otro inconscientemente.

A medida que envejecemos, nos volvemos más conscientes del "acoplamiento dinámico" y la alineación. Esta sincronicidad no verbal es la precursora de procesos más obvios.

Más adelante experimentarás sincronicidad y fenómenos psíquicos.

Estás en el terapeuta de hielo y estás expresando algunos sentimientos incómodos. El terapeuta no imita exactamente sus palabras ni su postura física, sino que dice: "Entiendo lo difícil que es esto para usted" y cambia su comportamiento en consecuencia. Si él no hubiera sido

Si estuvieras sonriendo de oreja a oreja o parecieras aburrido, te habrías sentido desapercibido y faltado al respeto. El reflejo emocional es

Suena como sostener un espejo metafóricamente ante la condición emocional de alguien, como si dijera: "Veo cómo te sientes". Pero a veces, sólo es cuestión de escuchar activamente sin interrumpir y luego parafrasear lo que hemos escuchado.

La duplicación es una excelente manera de hacer que las personas se sientan vistas y escuchadas de una manera de la que tal vez ni siquiera se den cuenta, pero aun así les hará sentirse cálidos y abiertos a usted. Mucha gente piensa que tener una buena conversación se trata de ser divertido o inteligente. Sin embargo, lo que realmente conecta a las personas contigo es la sincronicidad. ¿Estás en la misma onda que ellos? ¿Lo entiendes? Es más una conexión emocional que verbal o cognitiva.

La duplicación puede salir mal. No exageres ni hagas las cosas incómodas siendo obvio. Si la gente sabe que estás "copiando", los resultados pueden ser desastrosos. Nunca debes reflejar a alguien cuando no estás comprometido. Parecerá manipulador.

También puede ser una buena idea evitar emular el lenguaje corporal o el habla durante un conflicto. ¡Es obvio que no quieres que nadie te copie cuando pones los ojos en blanco, levantas la voz, dices malas palabras o frunces el ceño! Haga lo que pueda para demostrar que comprende sus sentimientos sin enojarse, enojarse o ser grosero.

La duplicación funciona mejor cuando se realiza uno a uno. Cuando estás en un grupo, es mejor medir el estado de ánimo y ajustar tus expresiones verbales y no verbales para que coincidan con él. Si todo el mundo tiene poca energía y es informal, entonces no hable en voz alta ni se emocione. No te dejes distraer por la conversación. Es posible que puedas notar que alguien se refleja en ti o que la otra persona no responde bien cuando la reflejas.

Puede optar por reflejarse verbal, no verbal o emocionalmente (¡o incluso las tres!). Empiece poco a poco y avance lentamente. Conéctese lenta y constantemente.

atentamente. Observe los efectos que está teniendo y haga los ajustes correspondientes. Es posible que descubras que, cuando imitas la postura de alguien, éste cambia instantáneamente a otra. En esta situación, ¡baja el volumen!

Es importante tener en cuenta que reflejar no es algo que se hace con alguien. No es algo que le hagas a alguien.

Lo haces junto con alguien. El reflejo te ayuda a mantener tu atención en la otra persona.

Usa la regla de tres

William James, ampliamente considerado como uno de los fundadores de la psicología, afirmó que "el deseo más profundo de todo ser humano es ser apreciado". ¡Las conversaciones a menudo salen mal porque estamos demasiado ocupados con nuestras propias vidas para notar o apreciar a los demás!

Karl Albrecht, un coach de gestión, ha desarrollado una fórmula para ayudarle a superar esta tendencia y entablar conversaciones más auténticas. Él cree que todas las conversaciones se componen de tres elementos:

Los declarativos son hechos u opiniones que se presentan como hechos.

Pregunta

Calificadores o "suavizantes".

Esta regla establece que nunca debes usar tres declarativos sin un calificativo o una pregunta. Esto nos permite hablar con la gente, y no con o . Tenga siempre en cuenta que la mayoría de las conversaciones no son verbales. No sólo escucharán lo que dices, sino también cuánto los respetan y valoran. Puedo decir lo correcto, pero si la conversación no se siente bien, ¡será un fracaso!

Míralo más de cerca. Las declaraciones son declaraciones fácticas. Son más realistas cuando la gente actúa como si algo fuera cierto. Es posible que hayas notado que ciertas personas parecen estar dando conferencias o parándose en una tarima. Si todo su repertorio conversacional es declaración, esto es lo que obtendrá. El problema con

Las opiniones suelen expresarse con mayor certeza de la necesaria. Por ejemplo, "Gran Bretaña nunca tuvo una revolución como Francia" o "Serías un idiota si hoy comieras gluten". Puede aburrir, irritar o faltarle el respeto a su audiencia, que en realidad no es una "audiencia".

No es necesario que abandones todas tus pasiones, opiniones y perspectivas; sólo debes mantenerlas equilibradas. Puede hacerlo haciendo preguntas reflexivas. Es una excelente manera de mostrar interés en otra persona, comunicar respeto y ser abierto. Esto demuestra que la conversación es más que una simple oportunidad para expresarse: es colaborativa. "Soy francófilo. ¿Viviste allí durante mucho tiempo?"

Si estás a punto de declarar algo por tercera vez o más, detente y hazte una pregunta. Pregunte, en lugar de decir "el debate sobre las elecciones presidenciales fue un desastre", "¿qué opinas de ello?".

También puedes utilizar algunas condiciones o suavizantes. Es como decir lo que piensas o declarar algo sin golpear a la gente en la cara. La mayoría de nosotros necesitamos aprender a hacer esto. Esto es más que buenos modales. Demuestra que respetas las opiniones de los demás, incluso si no estás de acuerdo con ellas. Como ejemplo:

Usar frases como "parece" o "podría estar equivocado pero

Esto demuestra respeto por otras personas, incluso si no están de acuerdo contigo. Esto envía un mensaje de que valoras los sentimientos de los demás y tu relación con ellos por encima de tu propia necesidad de ser visto u escuchado de una manera particular.

Esta regla de tres se puede utilizar fácilmente. Puedes empezar por notar las proporciones de estos tres elementos en tus conversaciones diarias.

Observe cómo hablan otras personas. También debes prestar atención a cómo hablas tú mismo. Observe qué parte de la conversación que disfrutó fue declarativa.

Es posible que tengas la tentación de dar más detalles sobre tus opiniones, especialmente si es algo que te apasiona o un tema del que sabes mucho. Sólo recuerde que el propósito de una discusión no es exponer su opinión. Si escuchas ambos lados de la historia, parecerás más comprensivo, encantador y simpático. Puede que no lo creas, pero esta regla hará que las conversaciones sean más agradables para ti y para ti.

Cuando haces una pregunta de calificación o utilizas un calificativo, inmediatamente harás que los demás se sientan vistos y apreciados. Esto te hará parecer más carismático y atractivo. Las personas a menudo intentan ser encantadoras, pero terminan dominando la conversación tratando de parecer de cierta manera. Las personas se sienten atraídas por personas que hacen sentir bien a los demás. ¡Es así de simple!

Recuerde que una conversación no es un simple ejercicio de investigación o un concurso para determinar quién es el más inteligente. Se trata de conectarse. Haga una pregunta la próxima vez que sienta que una conversación no va a ninguna parte. Quizás descubras que tus mejores y más interesantes conversaciones son aquellas en las que haces muy pocas declaraciones.

Evitar conversaciones triviales con el método "ARE"

¿Odias las conversaciones triviales como mucha gente? Es posible que no sea reacio a las conversaciones triviales, pero simplemente no comprende cómo funciona. Es cierto que iniciar una conversación puede resultar incómodo e incluso agotador. Pero la verdad es que no tiene por qué ser así. El método ARE eliminará el trabajo de las conversaciones triviales y le ayudará a llegar a lo interesante, es decir, ¡la gran conversación! Más adelante en el libro veremos que las pequeñas conversaciones no siempre son necesarias...)

El método ARE fue creado por la Dra. Carol Fleming y es un acrónimo que facilita recordar tres sencillos pasos:

A = Ancla

Comienza con algo que te vincule a la persona. Busca algo que tengas en común con la persona, por muy lejos que esté. No es necesario que seas inteligente, ni siquiera divertido. Sólo tiene que ser natural. Parecerás nervioso y antinatural si crees que tienes que usar una "frase de ligar" inteligente o algo similar.

Puedes utilizar esta frase de varias maneras.

R = Revelar

Una vez que haya establecido una buena relación, es hora de revelar algo sobre usted relacionado con el presentador. Podrías decir: "¡Siempre me ha encantado el tiramisú y puedo agradecerle a mi abuela italiana por eso!". O "No soy de aquí así que supongo que todavía no me gusta el clima frío..."

E = alentar

Puedes pedirle a la persona que te cuente un poco sobre ella misma. ¿Qué pasa contigo? ¿Cuál es tu postre favorito?

Eso es todo. A partir de ese momento, la otra persona tendrá una oportunidad lo suficientemente buena para decir algo y comenzar las cosas. Es importante señalar que la técnica ARE no tiene por qué seguirse al pie de la letra. Puede optar por comenzar con un presentador y hacer una pausa para esperar una respuesta, luego revelar su idea, hacer una nueva pausa y alentar en lugar de dar un discurso de inmediato.).

Es posible que todavía estés confundido acerca de qué es. ¡Hay un acrónimo que también puede ayudarte con esto! Este acrónimo se llama FORMULARIO

F = familia

Siempre es un tema seguro. ¿Cuantos hermanos tienen? ¿Niños? ¿Niños?

O = Ocupación

No es necesario preguntar "¿a qué te dedicas?"," sino preguntas más específicas como "¿Cuál es tu parte favorita de tu trabajo?" o "¡Qué fascinante! ¿Siempre quisiste ser hipnoterapeuta canino?

R = Recreación

Puedes preguntar sobre sus aficiones, películas, libros, viajes o simplemente qué hacen en su tiempo libre. Podrías preguntar sobre sus preferencias y gustos.

M = Motivación

Además, ¿cuáles son sus objetivos, planes y visiones? Esta es una pregunta sobre qué es importante para ellos y qué los motiva.

Por supuesto, puedes combinar todo lo anterior. Por ejemplo, podrías decir "¡Guau! ¡Cuatro hermanos!". Yo también vengo de una familia numerosa. Puedes combinar Familia con Motivación preguntando: "¿Crees que tendrás muchos hijos cuando seas mayor?" También puedes decir: "Nunca antes había conocido a un profesor de poesía. ¿Te gusta leer poesía en tu tiempo libre?". Esta es una combinación de Ocupación con Recreación.

Debes tener en cuenta que pueden ocurrir algunas incomodidades, pero no debes preocuparte por ello. La mayoría de las personas responderán positivamente si sonríes y sientes curiosidad. Decir tu nombre varias veces ayudará a que la gente lo recuerde.

También podrás recordar un detalle concreto de lo que te dijeron la próxima vez que los veas. "¡Oh, hola de nuevo! "¿Cómo estuvo la graduación de tu hija?"

Incluso si estás haciendo todo bien, es posible que la pequeña charla no comience y te encuentres deseando un retiro. ¡Está bien! Esta es una excelente manera de salir de la rutina conversacional. Puedes inventar una excusa, pero no olvides utilizar la palabra "necesidad". Por ejemplo: "Bueno, ha sido genial charlar contigo, pero debo ir a ver a mis hijos, ¡porque ya sabes cómo pueden ser!" O "Oh, discúlpeme. Debo ir a saludar a un amigo que no he visto en mucho tiempo". Si quieres, también puedes suavizar la salida diciendo algo agradable que reitere lo que hablaste. ¡Fue genial conocerte! ¡Buena suerte mañana!

Utilice la regla del minuto 1 para evitar respuestas largas

Esta es una verdad incómoda, pero si puedes aceptarla, te convertirás en un mejor comunicador de la noche a la mañana. Otras personas no están tan interesadas como usted cree en escucharle hablar sobre usted mismo. ¡Es triste pero cierto! Nunca lo dudarás si consideras lo aburrido que te sientes cuando la gente habla sin cesar de sí misma.

Marty Nemko dice que tiene una "regla del semáforo" que le ayudará a mejorar su conversación, especialmente si es divagadora. ¿Cuáles son las señales de que eres un "rambler"? Si sientes que la gente te ignora, eso es una señal de advertencia. Probablemente tu historia sea interesante y relevante. Simplemente te estás tomando demasiado tiempo para contarlo.

Regla tácita: suponga que tiene un minuto para explicar su punto. Entonces deja que la conversación continúe. Puedes asumir que la luz estará verde durante los primeros 30 segundos y que estás transmitiendo tu mensaje.

La atención del oyente. La luz se volverá amarilla en 30 segundos y la atención del oyente podrá comenzar a disminuir. Después de 1 minuto la luz se pone roja, indicando que ya no están escuchando.

Podemos olvidar fácilmente el tiempo cuando contamos una historia porque es más divertido contarla que escucharla. Considere que los comediantes pueden pasar meses trabajando en un "cinco apretado", es decir, un conjunto es un discurso de cinco minutos. Incluso los profesionales que se esfuerzan mucho a veces no pueden mantener la atención del público durante más de 5 minutos.

No tiene que preocuparse por consultar su reloj mientras habla. Puede resultar útil practicar un poco por tu cuenta usando un cronómetro para tener una idea de la duración de un minuto. También puedes escuchar a tu audiencia. Continúe si están escuchando o riendo embelesados y suplicándole que continúe. Debes detenerte si comienza a inquietarse o parece aburrido. Si empiezan a mostrar signos de fatiga, detente. Te ganarás la reputación de ser un aburrido implacable.

Tampoco es necesario que toleres las divagaciones de los demás. No siempre queremos pasar el testigo de la conversación porque tenemos miedo de no poder decir una palabra más. Recuerde que una conversación no implica un tira y afloja, sino un partido amistoso de tenis.

No estás jugando si mantienes la pelota en la mano todo el tiempo. Siempre puedes hablar más tarde si quieres. No se desanime si es un conversador y siente que tiene mucha información interesante que ofrecer. Si eres atractivo, la gente te escuchará más. Si sospecha que otros encuentran su discurso aburrido y confuso, aquí tiene algunos consejos:

Haz que la gente quiera más. No compartas todo a la vez. Si tienes curiosidad, deja que otros pregunten. Algunas personas te escucharán más cuando hables.

Deja algunas cosas sin decir. Puedes decir "Bueno, recuérdame un día y te contaré esto", y la persona no te presionará para continuar.

Si no das más detalles, puedes terminar la historia sin miedo y continuar.

Desacelerar. Aunque pueda parecer contradictorio, no se apresure a exponer su punto. Concéntrate en la forma en que pronuncias tu discurso y modula tu voz para hacerlo interesante.

Antes de hablar, detente y piensa. No es necesario preparar un discurso de antemano, pero tampoco debes abrir la boca y empezar a hablar y luego decidir qué decir. Es una buena idea adquirir el hábito de guardar silencio en lugar de utilizar palabras como "um".

Imagina que estás hablando con alguien y la conversación es un globo que flota en el aire. Cada vez que hagas rebotar el globo con la mano, flotará más alto, pero inmediatamente comenzará a hundirse. Las buenas conversaciones son animadas y todos se turnan para hacer rebotar el globo. Nunca baja demasiado. Las malas conversaciones son aquellas en las que el globo lo sostiene alguien, el globo cae al suelo o la persona lo rebota sola, sin dejar que nadie más tenga oportunidad. Nadie estará interesado en quedarse mirando, ¿verdad?

Resumen:

La mayoría de las personas no son encantadoras cuando hablan porque no entienden qué es el encanto. Cualquiera puede desarrollar su carisma con algunas habilidades específicas.

El reflejo es una excelente manera de demostrar que estás conectado y que comprendes a la otra persona. Reflejar, ya sea verbal, no verbal o emocionalmente, puede ayudarle a establecer una buena relación con la otra persona.

La regla de tres de Albrecht puede ayudarte a tener discusiones más equilibradas, es decir, escuchar es clave para tener una conversación equilibrada. Puede utilizar declaraciones (hechos, opiniones o preguntas expresadas como hechos), preguntas o calificativos ("suavizantes") en su discurso. Lo mejor es evitar utilizar más de tres afirmaciones en una sola frase. En su lugar, haga una pregunta para equilibrar las cosas.

El método ARE también puede ayudarte a dominar las conversaciones triviales. Significa "Anclar, Revelar y Animar". El primer paso es identificar una experiencia que tengas en común con la otra persona. A continuación, revela algo sobre tu propia vida conectado con este ancla. Finalmente, anímelos a compartir sus experiencias.

Al decidir sobre temas de conversación trivial, utilice el acrónimo FORM. Esto significa Familia, Ocupación (ocupación), Recreación (pasatiempos, intereses) y Motivación.

Recuerde la regla del semáforo de un minuto para evitar respuestas largas y prolongadas. Puedes hablar libremente durante los primeros 30 segundos. Los siguientes 30 segundos son luces naranjas, así que tenga cuidado con la disminución de la atención. Después de un minuto, probablemente perderás el interés de tu audiencia. Que sea breve.

Conexión social y suspensión del ego

Volveremos al tema de la conexión una y otra vez en este libro. Todo se reduce a cómo vemos el propósito de la conversación. Nos comportamos de manera diferente cuando vemos la conversación como una oportunidad de conexión, juego y aprecio, así como un auténtico intercambio emocional.

Robin Dreeke, instructor conductual e interpersonal en el Centro de Entrenamiento de Contrainteligencia del FBI, comprende la importancia de suspender el ego durante conversaciones efectivas. Es simple, pero no es fácil suspender tu ego. Tienes que anteponer las necesidades y deseos de los demás a los tuyos propios.

Los agentes del FBI entienden que no es su trabajo ser correctos cuando obtienen información de inteligencia. Siempre es su trabajo obtener información. No somos oficiales del FBI, pero aun así queremos tener mejores conversaciones. Se necesita valor para adoptar temporalmente la visión del mundo de otra persona porque todos queremos sentirnos en control y en lo correcto. Irónicamente, la suspensión del ego puede ser realmente beneficiosa.

Esta es una forma rápida de obtener más control sobre una conversación y hacerse escuchar.

Dreeke dice: "La mayoría de las veces, cuando dos personas entablan una conversación, cada una espera pacientemente a que la otra termine de contar su historia". Luego la otra persona cuenta su propia historia. Suele tratarse de un tema similar y, en muchos casos, para intentar tener una historia mejor y más interesante. Las personas que practican una buena suspensión del ego animarán a otros a contar sus historias, ignorando su propio deseo de contar lo que creen que es una gran historia.

¿Cuándo fue la última vez que hiciste esto? A todos nos gusta creer que somos atentos y empáticos, pero ¿lo somos realmente?

A medida que te das cuenta de que estás entrando en el "modo de declaración", observa el momento en que empiezas a cargar una anécdota. Luego, elige dejarlo ir deliberadamente. Sumérgete por un ratito en la historia de otra persona. No es necesario adoptar o estar de acuerdo con la historia. Sólo hay que entretenerlo. Sólo escucha.

Cuando se hacen correctamente, las personas descubren que las conversaciones con otros no sólo son interesantes sino también valiosas, incluso cuando no se trata de ellos. Es posible que tenga un impulso "informativo compulsivo": el deseo de contar una historia que esté vagamente relacionada con lo que se acaba de decir. Intenta comprender la perspectiva de la otra persona en lugar de añadir la tuya propia.

Imagine que es un periodista que está recibiendo la historia completa (¡o un agente del FBI!). Imagina que puedes aprender algo nuevo de la persona con la que estás hablando, o que su perspectiva sobre un tema es más matizada e interesante que la tuya, pero sólo si suspendes tu ego por un momento.

Aún puedes suspender tu ego incluso si te resulta doloroso al principio.

Di "sí y" en lugar de "sí pero" (veremos esta útil técnica más adelante en el texto). Es un punto de inflexión. Evite corregir detalles menores o agregar un hecho inútil para demostrar que tiene conocimientos. Si no está de acuerdo, conviértalo en un hecho adicional, no contradictorio: "Sí, estoy de acuerdo, no deberíamos preocuparnos por gastar mucho de más". Creo que podemos aumentar cómodamente el presupuesto en un 10 % para cubrir cualquier posible déficit.

Incluso si quieres mostrar solidaridad, resiste la tentación de vincular su historia con la tuya. Cuando alguien dice "Bueno, mi familia es originaria de Malasia", no le hables de tus vacaciones en Malasia. Invítelos a elaborar. Puedes alentar el ego de alguien diciendo: "¡Guau! ¿Así que creciste allí cuando eras niño?".

Pruebe la validación sin juzgar. No importa si estás de acuerdo o en desacuerdo. Simplemente puede comunicar su interés en la persona con la que está hablando y cómo respeta y reconoce su punto de vista.

¡Es importante escuchar con atención y no simplemente decir "bueno, supongo que tienes tu derecho"! Presta toda tu atención a la conversación, responde con sinceridad y escucha atentamente lo que se dice. Simplemente absorba lo que alguien dice sin juzgar, interpretar o reaccionar. Imagina que estás en presencia de la persona más interesante e importante del mundo. Cambiará tus conversaciones más de lo que puedas imaginar.

Comprender los tres niveles de relación

¿Qué ves cuando te imaginas en una conversación y sientes que eres totalmente encantador y carismático? Podrías pensar en alguien confiado, audaz e impecable... o incluso un poco arrogante. Probablemente no pienses en la vulnerabilidad cuando piensas en el encanto y el carisma.

Esto es para ti si eres una de esas personas que pueden entablar pequeñas conversaciones y eres lo suficientemente amigable, pero nunca pareces ir más allá de las sutilezas hacia conexiones personales más profundas. La mayoría de la gente piensa que ser socialmente adepto tiene que ver con la invulnerabilidad. Creen que tienen que estar tranquilos, tranquilos y confiados. ¡Es lo contrario!

La conexión y la vulnerabilidad están estrechamente relacionadas. Puedes pensar en la simpatía como un título. Puedes llegar a conocer a alguien por etapas. Primero, aprendes un poco sobre ellos y luego aumentas tu intimidad. ¿Cómo se puede cerrar esa brecha? Puedes hacer esto aumentando gradualmente la cantidad de momentos en los que te revelas (es decir, compartiendo vulnerabilidad).

Etapa 1: revelación de la luz

Necesitas ser vulnerable para inspirar confianza y agradarle a la gente. No se sumerge de inmediato: comience con una revelación ligera y avance.

Imagina que eres un amigo relativamente nuevo y quieres compartir un secreto o una historia vergonzosa de tu pasado. Podrías confesar un defecto menor o una falta inofensiva.

inesperado. Realmente no importa cuál sea la historia. Es importante conocer la intención detrás de la historia: la otra persona entenderá el mensaje. Aquí, me abro a

Ti, confío en Ti... Esta es una señal universal de que te gustaría avanzar suavemente en tu conexión.

Intenta ser un poco más abierto con tus nuevos amigos y conocidos. Seleccione algo relacionado y divertido.

¿Crees que es malo?" "Oh, ¿crees que es malo?" Mi apodo era Tiburón..."

Stag2: Divulgación media

Puedes llevar las cosas al siguiente nivel si (y sólo cuando) eres bien recibido o si alguien más responde revelando sus propias experiencias. Esto se puede hacer compartiendo ideas, opiniones y creencias cercanas a su corazón o compartiendo experiencias privadas. La revelación media es más seria, ya que estás mostrando tu verdadero yo. La revelación ligera puede ser divertida y divertida. Si haces esto, demuestra que confías en la otra persona y estás dispuesto a conectarte a pesar de la posibilidad de ser juzgado.

"Mi fe siempre ha sido muy importante en mi vida. No mucha gente es consciente de ello".

Etapa 3: Divulgación intensa

Es poderoso abrirse y compartir sus miedos, debilidades, cicatrices y vulnerabilidades. Esto le ayudará a establecer una buena relación, confianza y sentimientos cálidos. Es una señal de buena voluntad y fe bajar la guardia en presencia de alguien. Esto muchas veces los inspira a hacer lo mismo. Reservas este nivel sólo para aquellos con quienes deseas tener la conexión más íntima y que se lo han ganado.

Para ser completamente honesto, después de mi divorcio sentí que no quería continuar. Me tomó mucho tiempo salir de ese agujero oscuro".

Esto es lo que debe saber sobre los diferentes niveles de divulgación. Necesitas tener cuidado. Comience lentamente y aumente gradualmente el nivel de divulgación. No se puede empezar con las cosas grandes y luego ir aumentando.

La divulgación hace que las personas sean especiales. Crea un vínculo y amistad entre tú y ellos, además de un club privado. ¡No deberías contarle todo a todo el mundo!

La divulgación es como la sal: demasiada o muy poca y arruinas el plato. El ser humano está hecho para tener conexión emocional, empatía y amistad. ¡No significa necesariamente que sepamos qué es! Usted puede ser vulnerable y expuesto si no puede ir más allá del nivel de "conocido".

No se puede establecer una conexión profunda sin vulnerabilidad y riesgo. Las personas pueden hacerte daño cuando saben la verdad sobre quién eres, pero es parte de la intimidad. Vale la pena. Cómo hacer que sus divulgaciones funcionen para usted

Echa un vistazo a las relaciones y amistades actuales que tienes y determina dónde te encuentras. Elige algunas personas con las que te gustaría acercarte y luego elige un momento para revelarles tu verdadero yo.

Observa su reacción. ¡Felicitaciones si responden o corresponden calurosamente! ¡Felicidades! Acabas de mejorar tu relación. No entre en pánico si no lo hacen. Siempre puedes retroceder. No lo reveles nuevamente hasta que indiquen que desean ir. Puedes correr un riesgo calculado, pero no te preocupes si fallas o conoces a alguien que tiene un poco de frío.

Hay algunas cosas a las que prestar atención. Evite arrojar materiales molestos o inapropiados en el regazo de un amigo, especialmente si no se lo espera. Aún así debes usar el buen juicio y la discreción al revelar tus problemas más privados. Cuanto más frecuentes sean las revelaciones, mayor será la vulnerabilidad. Mucha gente utiliza su trauma para ganar vigencia social. En realidad, compartir información específica con personas concretas con un determinado propósito producirá mejores resultados. Publicar los espeluznantes detalles en las redes sociales tres veces por semana no constituye vulnerabilidad.

Construir historias de conexión

Una vez que hayas dominado la charla trivial (¡y dominarla es más fácil de lo que crees! ¿Qué sucede a continuación?

Puedes romper el hielo, pero para mantener a las personas interesadas en ti y hacer que quieran estar cerca de ti, necesitas establecer una relación genuina. Contar "historias de conexión" es una excelente manera de lograrlo. Estas son historias simples que muestran a las personas quién eres de una manera con la que pueden identificarse.

La socialización humana no se trata sólo de apoyar a los miembros del grupo y asegurar su supervivencia, sino también de decidir qué personas son o miembros del grupo. En el mejor de los casos, los extraños son desconocidos. Alguien debe estar familiarizado con tu personalidad, motivaciones y perspectiva para no ser un extraño. Queremos saber ¿Esta persona se parece a mí? Cuando la respuesta es "sí", entonces se puede formar una relación. Esto es lo que son las historias de conexión: les dicen a los demás que soy como tú en muchos sentidos.

Esta táctica se utiliza en el lugar de trabajo y en estrategias publicitarias o de marca corporativa. Las historias son una gran parte de cómo nos comunicamos. Los humanos fueron creados para contar historias. Cuando alguien comienza un discurso diciendo "Recuerdo la primera vez que entré a la oficina de Jim..." o "Me gustaría contarte el momento exacto en que supe que me iba a casar con esta mujer", está diciendo Tú Esto es lo que soy y soy similar a ti en muchos aspectos.

Su lenguaje corporal, apariencia, habla, comportamiento y más ayudarán a las personas a adivinar consciente o inconscientemente cómo actúa. Contar una historia de conexión puede ayudarte a cambiar rápidamente sus percepciones sobre quién eres. Esta historia captura mis valores y principios."

Howard Gardner, psicólogo de la Universidad de Harvard, dice que las "historias sobre la identidad" son narrativas que ayudan a las personas a pensar y sentir sobre quiénes son, sus orígenes y hacia dónde se dirigen.

"El arma más potente en el arsenal literario de un líder son las palabras del escritor."

Robert Cialdini, el famoso psicólogo de la influencia, demostró que tendemos a estar más motivados para actuar cuando vemos personas similares a nosotros. En un experimento, Robert Cialdini escribió cartas en varios idiomas y las colocó cerca de buzones para que pareciera que se habían dejado caer por error. Cuando se deja una carta en español en un área con mayoría de hispanohablantes, es más probable que alguien la recoja y la envíe. Está claro que las personas son más amables con otras personas que comparten su origen cultural. Debes utilizar el lenguaje correcto al escribir tu carta metafórica si deseas fomentar intencionalmente este sentido de simpatía.

¿Cómo se cuenta una historia de conexión interesante? Empecemos con una mala historia:

Enumere datos racionales sobre usted, que parezcan un currículum. (¡Incluso en un contexto profesional, es importante mostrar tu lado humano!)

Divagas. Nunca podrás transmitir todo tu carácter en una sola conversación. Las personas son complejas. A veces, sin embargo, la concisión es la mejor política. Si lo piensas bien, es posible que se te ocurra una historia muy corta que pueda reemplazar una anécdota larga. ("Mi madre me dijo que mis primeras palabras fueron y no. ¡Esto te dice todo lo que necesitas sobre mí!"

No estás siendo sincero. A nadie le gusta que le vendan algo o sentirse manipulado. Una historia de conexión funciona mejor cuando se muestra en lugar de contarse. Si siente que ha creado un "autoanuncio", la gente perderá el interés.

¿Qué dirías? Piensa en tus valores fundamentales antes de encontrarte en una situación en la que tengas que presentarte. No es necesario que sea un ejercicio en profundidad. Concéntrate en las cosas que son más importantes para ti. Esta podría ser su familia, fe, equidad, justicia o lo que sea.

Imagine un momento de su vida en el que se dio cuenta de lo importante que era este valor para usted. Imagine este momento o realización y cómo dio forma a su visión del mundo actual. Imagínese que está en un viaje de negocios cuando su hija enferma repentinamente. Luego, mientras viajaba de regreso a casa, se dio cuenta de que podría morir en dos días. Te diste cuenta de que nunca podrías reemplazar a tu hija, por mucho dinero que tuvieras. Cuando llegaste a casa, repensaste todo tu estilo de vida y ahora trabajas según tus propios términos.

Puedes transmitir mucho a tu audiencia en tan sólo unas pocas líneas: eres una persona trabajadora, tienes un hijo, valoras a la familia, eres un agente de cambio capaz, no temes correr riesgos, Estás abierto a probar algo nuevo, no eres materialista, consideras tus principios cuidadosamente y eres lo suficientemente valiente como para contar una historia que es vulnerable.

Annette Simmons, autora de Quien cuente la mejor historia, gana, dice: "La gente no te escuchará a menos que sepan quién y qué eres". Dígales. Para asegurarse de contar una historia que establezca una buena relación con su audiencia, debe ser una historia reflexiva y genuina sobre algo significativo.

No dude en presentarse, ya sea que conozca gente nueva, nuevos colegas en el trabajo o un amigo que acaba de conocer. No se preocupe si parece engreído o inapropiado. Es casi alentador escuchar a la gente compartir sus verdaderas creencias.

Inspira respeto y confianza en todos. Anima a otros a hacerlo. ¡Así crecen las conexiones!

Sea carismático y cuélguese una etiqueta.

Etiquetar en una conversación es una buena forma de demostrar que estás prestando atención, recordar lo que se ha dicho y comunicar el mensaje. Etiquetar es similar a reflejar. Básicamente, reflejamos algunos aspectos de la experiencia de otra persona, creando sentimientos como empatía y comprensión. Como ejemplo:

"Estoy completamente conmocionado por toda esta situación..."

Este es un caso simple de duplicación. Has usado exactamente la misma palabra que ellos. Mira cómo se realiza el etiquetado:

"Estoy completamente aturdido por toda la situación..." "Parece haberte tomado completamente por sorpresa."

Es más probable que etiquetes la experiencia de otra persona. Es posible que los escuche decir que están sorprendidos, pero también haga sus propias inferencias y ofrezca su evaluación. Esto casi les ayuda a encontrar palabras para expresarse mejor. Puedes aumentar los sentimientos de comprensión entre ustedes haciendo que la otra persona diga "¡exactamente!" en respuesta.

La gente se comunica para ser comprendida. Hay diferentes niveles de comprensión. Puedes crear una conexión rápidamente cuando eres capaz de leer las emociones de la otra persona y demostrarle que entiendes sus palabras.

"Estoy completamente sorprendido por todo este asunto..."

Parece que esperabas que las cosas salieran diferentes.

Si la conjetura es correcta, entonces la persona que está siendo validada se sentirá más comprendida. Es fácil adivinar que las cosas no siempre salen según lo planeado cuando se trata de etiquetado.

Cuando falla, generalmente es porque hemos asumido, en lugar de describir con precisión, cómo se siente la otra persona.

"Estoy completamente sorprendido por todo este asunto..."

Parece que estás decepcionado contigo mismo porque esto sucedió.

¿Cómo? Puedes crear sentimientos de desconfianza o alienación si etiquetas incorrectamente las emociones de alguien. No estás tratando de diagnosticar, interpretar o juzgar. Simplemente parafrasee. Las mejores etiquetas son en realidad muy básicas.

Encuentre un sinónimo que sea obvio para lo que la persona acaba de decir.

"Hombre, estoy cansado."

"Aw, parece que te sientes bastante agotado."

Lógicamente, no es información nueva lo que estás presentando, pero harás que la otra persona sienta como si hubieras asimilado sus palabras, las hayas procesado, las hayas comprendido y luego se las hayas transmitido. ¡Esto es de gran valor!

Intentar:

Pareces ser... Suena como si...

Instantáneamente podrás darte cuenta de que estás interpretando lo que escuchaste, en lugar de simplemente reflejarlo. No utilices frases como "Me pregunto si...", "Te creo..." o "En mi opinión..."

El etiquetado se puede utilizar para desactivar conflictos y aportar claridad y resolución a una conversación incómoda. Imagine que está hablando con un cliente enojado que tiene una lista de razones por las que está molesto con su empresa. Podrías decir: "Parece que no estás contento con esto". Es posible que el cliente no haya utilizado la palabra insatisfecho, pero se sentirá validado por su resumen preciso.

Si desea mejorar sus habilidades de comunicación, entonces es una buena idea centrarse en las emociones positivas y no etiquetar las más negativas o inútiles. Es un buen ejemplo.

Puede animar al cliente a ir más allá de una queja y llegar a una reparación centrándose en posibles soluciones. Esto se debe en gran medida a la intuición, pero se necesita escucha activa y conciencia para comprender lo que hay detrás de una conversación. ¿De qué se queja esta persona? Quieren solucionar el problema.

Las etiquetas se utilizan para ayudar a aclarar, señalar empatía, establecer una buena relación, establecer confianza y mostrar comprensión. Esta es una forma inteligente de utilizar etiquetas en entornos profesionales, como en el trabajo. Intentará comprender qué emoción hay detrás de los datos que se le brindan. puede ayudarle a evitar muchos malentendidos y agilizar el proceso, ya que se satisfacen las necesidades de todos.).

Puede utilizar esta técnica cuando alguien habla de una fecha límite o de lo que debe completarse. Luego puede responder: "Parece que le preocupa no terminar a tiempo". Se establecerá una relación mucho más sólida que si todo lo que hicieran fuera concentrarse en los detalles e ignorar la ansiedad.

Una última advertencia: a nadie le gusta un psicoanalista aficionado. ¡Sabes quiénes son!

"¡Me da miedo el gran evento navideño familiar que tengo este fin de semana!"

Puede resultar difícil distinguir entre mostrar empatía y apresurarse a emitir un juicio.

"Diagnosticar" o "patologizar" la experiencia de una persona. Las etiquetas que describen las emociones de una persona (como "cansado" o "preocupado") son mejores que una teoría compleja. Esto puede hacer que la experiencia parezca invalidada.

no seas aburrido

Esto no es ciencia espacial. No seas aburrido si quieres tener mejores conversaciones e impresionar a la gente.

Podemos hacer esto examinando las características y comportamientos de aquellos que nos parecen aburridos y haciendo lo contrario. Aunque es posible que no quieras que te vean como aburrido, es posible que todos nos encontremos así de vez en cuando simplemente porque no somos conscientes de nosotros mismos. Es posible mejorar su carisma simplemente no adoptando comportamientos aburridos. Esto sólo requiere un poco de previsión y voluntad de "autoeditar".

Imagina una persona que te resulta aburrida. ¿Cuál es su personalidad? ¿Cómo son? Quizás le interese saber que Wijnand A. P. van Tilburg, quien dirigió el estudio y lo publicó en Personality & Social Psychology Bulletin, descubrió que los estereotipos sobre lo que es aburrido son predecibles. Las personas tienden a evitar o desagradar a quienes tienen estos rasgos.

No es sorprendente que los investigadores identificaran estos rasgos: las personas sin sentido del humor, las personas que tienen pasatiempos aburridos, como coleccionar cosas, o que no pueden expresar sus opiniones, eran consideradas aburridas. En experimentos en los que se pidió a las personas que leyeran historias sobre personajes de ficción, se consideró que aquellos con muchas de estas características aburridas eran menos cálidos y menos capaces. ¡Ay!

Nunca se le dijo al lector que la persona de la historia era aburrida. Simplemente lo dedujeron de los rasgos. La mayoría de las personas dijeron que preferirían pasar tiempo con alguien que no posea rasgos aburridos y evitar a aquellos que sí los tienen. Los investigadores cuantificaron los resultados preguntando a las personas cuánto pagarían por pasar tiempo con personajes de ficción. ¡Cuanto mayor sea el número, más aburrido será el personaje!

Es importante señalar que el estudio fue sobre percepción. Coleccionar cosas no es ni más ni menos aburrido que hacer paracaidismo. Lo que la investigación reveló fueron las actitudes de las personas hacia un grupo de rasgos. Es importante decidir si ciertas conductas y rasgos no son del agrado universal de las personas.

Los investigadores han descubierto que las percepciones de las personas sobre lo que es aburrido pueden variar según su cultura y preferencias personales. Algunas personas encuentran aburrida la lectura, la jardinería u otros pasatiempos. Otros, sin embargo, piensan que ver televisión o interesarse por los deportes es aburrido. Esto nos lleva a un punto importante: siempre hay algún artificio cuando se trata de interacción social. Nadie es aburrido. Cada persona es única y fascinante. Todos tienen una historia. Es posible que nos retratemos de una manera que minimice nuestro interés o no tengamos en cuenta lo que otras personas encuentran atractivo e interesante. No tenemos que fingir, pero nuestra presentación es importante.

Los estereotipos sociales de "gente aburrida" son en realidad una colección de transgresiones menores. Una persona aburrida es aquella que no presta atención a los demás ni se esfuerza. Tampoco tratan la conversación como una actividad interesante y animada. Los investigadores identificaron algunos de los siguientes rasgos:

Negativo

De mente estrecha

Común

Trabajador obsesivo

Grave

Malhumorado

Reservado

Ansioso

Pasivo

Inactivo

Sin emociones

Egocéntrico

Arrogante

No creativo

¿Has notado algo? Parece ser cuestión de divertirse. Las personas aburridas son aquellas con las que no resulta interesante estar. Invierta todos estos rasgos.

Positivo

Mente abierta

Inusual

Juguetón

No te tomes la vida demasiado en serio

Alegre

Abierto

Nervioso

Activo

Comprometido

Emocional

estoy interesado en otros

Humilde

Creativo

Estas características encajan perfectamente en nuestro modelo de conversación: juego y no trabajo. ¿Por qué querría alguien tener una conversación aburrida o ardua con alguien? Decimos "Esto no es divertido" cuando describimos a alguien o algo como aburrido. Las mejores conversaciones son animadas, dinámicas y agradables. Las mejores conversaciones son animadas, activas y novedosas. Hacen que la gente se sienta bien. Son predecibles, lentos y aburridos. Ellos son aburridos. Recuerde que la próxima vez que insista en tener razón o demostrar su punto, estará firmemente en el campo aburrido.

Divertirse. Disfrutar es atractivo para los demás. Permítete compartir tus pasiones, entusiasmo y disfruta de la conversación. Reírse de sí mismo.

Si realmente te apasionan los rompecabezas y dormir, es posible que necesites "autoeditar" un poco. No es que seas aburrido; es solo que debes ser consciente de los estereotipos. Es posible que tengas que "autoeditar" si realmente te apasiona dormir y los rompecabezas. No es porque seas aburrido. Sólo tenga en cuenta los estereotipos. Podrías resaltar las partes de tu personalidad que creas que son más interesantes.

Resumen:

El encanto conversacional se trata de relacionarse con las personas de una manera genuina. Primero, deje de lado su ego, dejando de juzgar e ignorando si está de acuerdo o en desacuerdo. Escuche atentamente, esté atento y resista la tentación de establecer conexiones entre lo que dicen y sus propios pensamientos.

A medida que avance por las tres fases de la relación, asegúrese de ser constante y lento. Una revelación ligera podría resultar embarazosa. La revelación media revela sus creencias y sentimientos más profundos. La divulgación intensa se ocupa de sus vulnerabilidades más graves. No seas un libro cerrado, elige con quién compartes tus secretos.

Comparte anécdotas para mostrarle a la gente quién eres. En lugar de hechos secos, utilice historias que realmente reflejen sus valores.

Al describir la experiencia o emoción de otra persona, puedes parecer más carismático. Parafrasea usando "parece" o "suena como" para mostrar tu empatía.

No seas aburrido. Los rasgos aburridos son aquellos que restan importancia a la diversión. Sea juguetón, cálido y abierto en sus conversaciones. Olvídate de tener razón o ser inteligente.

La tonalidad y la entrega importan.

Sin duda, todo el mundo comprende el poder del lenguaje corporal y su función, pero muy pocos consideran que nuestras voces sean parte de nuestros cuerpos. Tu voz es más que una abstracción: es una amalgama de sonidos producidos por diferentes órganos de tu cuerpo para influir en el flujo de aire a tu alrededor, lo que hace que tu voz sea verdaderamente tu forma más auténtica de "lenguaje corporal".

Las palabras importan, pero cómo las dices puede importar aún más. Su tono de voz revela información sobre usted mismo, como su personalidad, estado de ánimo e intenciones, así como factores como nacionalidad, sexo, edad o estado de salud. Un cambio de tono puede calmar, intimidar o aburrir a alguien por completo; establezca una buena relación al instante o ponga a las personas nerviosas al instante.

Recordar el hecho de que la tonalidad es una señal emocional debería ayudarle a darse cuenta de su impacto. En lugar de ver la tonalidad como un componente más de la comunicación verbal, tenga en cuenta que las personas toman decisiones no a pesar de las emociones sino gracias a ellas.

El neurocientífico Antonio Damasio hizo este descubrimiento a través de uno de sus experimentos cuando se dio cuenta de que los individuos con daño en sus regiones de procesamiento de emociones dejaban de ser capaces de tomar decisiones de manera lógica o decisiva. Todavía podían decir todas las palabras correctas pero no podían actuar por sí mismos.
Intelectualmente podían comprenderlo todo; Sin embargo, sin sentirse conectados o involucrados emocionalmente, no podían tomar decisiones u opiniones concretas propias.

Entonces, ¿cuál debería ser el tono de voz apropiado al comunicarse con los demás? Desafortunadamente, eso depende. Adapte su tonalidad según la situación, sus intenciones y con quién se comunica; tenga en cuenta estos elementos:

Tono Su tono se refiere a qué tan alto o bajo es su tono de voz. Si bien las voces más altas tienden a asociarse con la feminidad y las más bajas con la masculinidad, con demasiada frecuencia a las mujeres profesionales se les aconseja bajar la voz para parecer más serias. ¡Pero esto no tiene por qué ser así! En su lugar, esfuércese por variar su tono para evitar hablar con oraciones monótonas; Un truco para esto podría ser subirlo ligeramente al hablar directamente o al hacer una pregunta; De manera similar, evite "Valley talk", mencionándolo cada vez después de cada oración (¡esto lo hace parecer inseguro o estúpido!).

El volumen es qué tan bajo o alto hablas; ajústelo en consecuencia según su contexto. Una voz suave puede transmitir calma pero también baja autoestima o secretismo si se usa para tener privacidad; dejarlo caer repentinamente cuando transmitir detalles íntimos atrae a otras personas hacia sí. El volumen indica alegría y confianza, pero también puede indicar agresión, arrogancia o locura. Lo ideal es hacer coincidir el volumen con el de quienes lo rodean: subirlo ligeramente puede llamar la atención, mientras que bajarlo ligeramente puede indicar conversaciones más serias, íntimas o sutiles.

Paso

Con qué rapidez y fluidez hablas. El discurso fluido suele demostrar confianza e inteligencia; por el contrario, las frases pronunciadas rápidamente o sin aliento pueden indicar ansiedad. Por el contrario, el habla lenta puede parecer aburrida o cansada (¿o vieja?), lo que hace que los demás se impacienten o lo desprecien, aunque el habla lenta puede indicar autoridad con su presencia poderosa, palabras de peso y comportamiento fuerte.

El Centro Nacional para la Voz y el Habla indica que un estadounidense promedio habla alrededor de 150 palabras por minuto a un ritmo cómodo, ¡así que use un cronómetro y realice este ejercicio para evaluarse!

Articulación

¿Se articulan claramente sus palabras y se pronuncian correctamente con la boca, los labios y la lengua formando uno solo? Esto parece bastante simple, pero a menudo se pasa por alto: cuando las personas no pueden escuchar completamente lo que estás diciendo, se crea una barrera entre tú y ellos y hace que sea mucho más difícil entender tus palabras; ¡Esto socava las relaciones e incluso puede causar malas interpretaciones de lo que significan! Esto dificulta la buena relación y puede provocar falta de comunicación entre las partes involucradas.

Pero hay más: una mala articulación puede estar asociada con pereza, falta de educación, poca inteligencia, aburrimiento y cansancio... ¡o simplemente dar la impresión de que realmente no te importa! ¡Simplemente compare un distinguido acento aristócrata inglés de "vidrio tallado" del siglo XIX con una persona ebria que arrastra las palabras antes de caer dormido! Puede que se trate simplemente de exageraciones; ¡Sin embargo, sus implicaciones son profundas!

Considera cómo usas malas palabras (palabrotas), palabras de relleno ("um, ya sabes...") y jerga en tu discurso. Aquí no hay bien ni mal; más bien todo se reduce a lo que es apropiado y si su discurso le ayuda a expresarse de la manera prevista. En general, hacer coincidir el habla con los demás crea una buena relación, mientras que enfatizar las diferencias puede causar distancia psicológica, ¡aunque en ocasiones resaltar esas diferencias podría incluso agregar valor! En resumen, tomar conciencia de todos sus colores tonales permite el autodominio para que se utilicen los enfoques apropiados en los momentos apropiados.

Un consejo para mejorar es la práctica: imprima un artículo o un discurso famoso y grábese/filme usted mismo pronunciándolo, tomando nota de su ritmo, volumen, articulación y tono mientras lo mira. ¿Qué se podría mejorar? Respire profundamente, estírese, "entre en la zona", léalo nuevamente mientras cambia el ritmo/volumen, etc. También podría considerar estudiar a los oradores públicos que admira para comparar su forma de hablar con la suya; recuerde que no es algo natural para la mayoría. - al igual que sus voces necesitaban ser entrenadas en un instrumento... ¡tú también puedes!
Tu voz es quien eres; representa quién eres para el mundo. Si descubre que a menudo todo es demasiado silencioso para sentirse cómodo, considere si aumentar sus niveles de confianza puede ser útil y explore qué convicciones son más importantes para usted. Si tiende a correr sin aliento durante las interacciones sociales, examine de cerca los niveles de ansiedad y practique algunos ejercicios de respiración relajantes antes de cualquier interacción social. Cuando las personas te piden repetidamente que repitas lo que dices o te malinterpretan o te perciben mal en las interacciones sociales, por cualquier motivo, considera muy profundamente no sólo tu voz sino toda tu presentación, así como quiénes son realmente. ¿Quiénes no ven tu verdadero yo? Y si no, ¿qué se interpone en su camino?

Cómo utilizar bucles abiertos (OL)

Un "bucle abierto" es una línea de conversación que usted deja abierta intencionalmente para poder volver a ella más tarde si lo desea. Las preguntas cerradas y abiertas ("¿te gusta el sushi?" frente a "cuéntame qué es lo más loco que hayas comido") proporcionan ejemplos de este formato; Los bucles abiertos representan su extremo.

Una mañana, a las 4 de la mañana, conocimos a Julie. Algún día conocerás a Julie. ¡Se llevarían muy bien juntas! Cuando la vimos por primera vez, llevaba este disfraz escandaloso y no pudimos resistirnos a iniciar una conversación..."

Esta historia sobre Julie y su peculiar disfraz comenzó hablando de estar en un restaurante desconocido a una hora inadecuada. Al cambiar de tema tan rápidamente, esta estrategia no sólo involucra más a su oyente sino que también puede servir como ancla en caso de que la conversación disminuya; ¡Simplemente vuelva a él cuando las cosas se sequen nuevamente como un punto de guardado de conversación fácil!

Los comediantes utilizan bucles abiertos a propósito para generar anticipación para chistes posteriores, creando una conexión casi mágica con sus audiencias y construyendo historias compartidas y una buena relación con ellos. Se puede iniciar un ciclo abierto simplemente cuando comienzas a contar una historia cautivadora, pero no llegas a concluirla; pasar rápidamente a otro tema; ¡Volver a un circuito abierto más tarde es como agregar una broma inesperada y sin humor a su acto!
Los conversadores con talento natural (o personas con gran química) tienden a generar muchos bucles abiertos sin siquiera intentarlo. Esto sucede porque se sumergen tanto en lo que se está desarrollando que lo siguen en broma y abandonan cualquier línea actual, para luego retomarla con la misma emoción. ¿Alguna vez has experimentado esa sensación al conversar con alguien con quien parecías destinado a hablar durante días y días? ¡Ese sentimiento probablemente fue provocado por bucles abiertos!

Guarde algo para cuando la gente le haga preguntas; permita que su curiosidad dé forma al diálogo. ¡A veces las historias no necesitan terminar de inmediato! No se sienta presionado a concluirlos todos a la vez. Guarde algunos para que la gente le haga más preguntas y permitir que su curiosidad impulse la discusión puede generar momentos increíbles.

Irlanda define "craic" como bromas sueltas y abiertas que parecen no terminar nunca; ¡El propósito es simplemente seguir hablando y evitar hacer pronunciamientos definitivos de cualquier manera!

Considere el siguiente diálogo e intente identificar los bucles abiertos; casi funcionan como ganchos a los que podría volver y iniciar otra conversación.

R: "Entonces, ¿qué estás estudiando?"

B: "Oh, vaya, un título en informática". R: "¡Oh, vaya! ¿Eres nuevo en TI o siempre has tenido interés en ese tipo de cosas?"

B: "¡En realidad no! Al principio estudiaba economía; sin embargo, mi enfoque cambió rápidamente..."

R: "Por el contrario, mi padre enseñó economía en la universidad y, para ser sincero, ¡puede ser bastante excéntrico! ¡Quizás hay que ser bastante excéntrico para sobresalir en economía!

B: [Cuando la conversación de A comienza a decaer y A tiene problemas para seguir el ritmo] ¡Aquí hay un bucle!]

R: En cuanto a TI, no tengo mucha experiencia... ¿Qué tipo de personas componen los estudiantes de TI hoy en día?

Este es un bucle relativamente menor, en el que se discute un título en TI pero se deja en el aire sin resolución. Sin embargo, más adelante esta cuestión volverá a ser objeto de debate y, con suerte, se resolverá satisfactoriamente.
¿Quién consideras que es el mejor conversador aquí: A o B? Si fue esta última la que se destacó como más exitosa, podría deberse a que empleó un bucle cuando su diálogo falló, mientras que A no tenía a dónde regresar cuando las cosas fallaron.

Los bucles abiertos pueden volverse mucho más grandes con el tiempo; de hecho, los llamados "chistes repetidos" y los chistes internos de larga duración a menudo comienzan como bucles abiertos. Por ejemplo, considere este ejemplo en el que A y B se vuelven a encontrar una semana después y lo que sucede:

R: "¡Hola! ¡Me alegro de volver a verte!"

B: "¡Oye!" R: "¿Las clases van bien?" B: "Sí, están bien, aunque ¿recuerdas que tu padre loco era profesor de economía? Bueno, ¿adivinen qué? Nuestro nuevo profesor es exactamente como lo describió su padre loco antes y no ha pasado a enseñar". ¡¡¿Comp ciencia todavía?!!"

B cierra un círculo volviendo a una discusión anterior. Los bucles pueden ser cortos o largos y su distancia desde el retorno puede variar en cualquier punto entre las conversaciones; Todo lo que se necesita para crear bucles convincentes es una gran conciencia y una excelente memoria. Al retroceder, B le dice a B que le importa este tema, lo que instantáneamente crea confianza, respeto y simpatía entre ellos.

Tenga cuidado con los circuitos abiertos; simplemente mantenga la conversación fluida y atractiva utilizando bucles abiertos con moderación y regularidad. Un puñado de bucles abiertos crearán una conversación interesante; Úselos generosamente para tener mucho material disponible en caso de que surja algún problema imprevisto más adelante en la conversación. Mantén esto en mente:

Vuelva al bucle sólo cuando su conversación parezca estancada; de lo contrario, las personas podrían juzgarlo erróneamente como si tuviera TDAH conversacional y cansarse de usted.

No fuerces una respuesta si no es algo natural o parecerás dominante en la conversación.

Tus asuntos pendientes deben cautivar e involucrar a tus oyentes, no molestarlos ni frustrarlos. Un "cliff hanger" puede ser un excelente recurso de conversación, ¡pero no vayas demasiado lejos al usarlo para agregar humor!

Hablando en sentido figurado...

Lea el ahora legendario discurso del Dr. King "Tengo un sueño": "Nuestra visita a la capital de nuestra nación representa que cobramos un cheque. Cuando los arquitectos de nuestra república redactaron la Constitución y la Declaración de Independencia, firmaron un pagaré con el que todos Los estadounidenses heredarían. En lugar de cumplir con esta obligación sagrada, Estados Unidos ha dado al pueblo negro cheques sin fondos marcados como "fondos insuficientes". Nos negamos a creer que no quedan fondos en sus grandes bóvedas de oportunidades, razón por la cual hemos venido aquí. , para cobrar este cheque."

"Danos, cuando lo solicitemos, las riquezas de la libertad y la seguridad de la justicia". Suena convincente, ¿no? Podría haber explicado aún más su promesa.
Reconoció la necesidad de presentar una imagen precisa a su audiencia mientras leían su artículo; ¿Podrías imaginar este cheque sin fondos mientras lees?

Existe un experimento muy conocido llamado la paradoja de Baker-baker. A los participantes de este experimento se les mostró una foto de un hombre y a un grupo se le dijo que su apellido era Baker, mientras que otro grupo creía que era un panadero profesional. Más tarde, se pidió a ambos grupos que recordaran cualquier instancia de la palabra "panadero". Cuando se les preguntó más tarde sobre ello, los que dijeron que era su profesión lo recordaban más fácilmente que los que pensaron que simplemente se refería a su apellido; ¿por qué?

Porque nuestra mente crea asociaciones y recuerdos relacionados con la profesión de panadero, mientras que este nombre no significa nada por sí solo (a menos, por supuesto, que compartamos uno). Entonces la profesión tiene más vínculos mentales, lo que significa más importancia para nosotros; por lo tanto, nos involucramos con él más fácilmente.

El Dr. King también enfrenta el mismo destino cuando su cheque rebota.

Las mentes humanas fueron diseñadas para pensar en narrativas, alegorías, conexiones y asociaciones; por lo tanto, la creación de metáforas le brinda al oyente algo más colorido y cautivador con lo que interactuar.
Tu objetivo debe ser generar imágenes que capturen su imaginación, atrayendo su interés y, a cambio, hacerte más atractivo. Cuanto más vívidas sean tus imágenes, mayor será su atractivo y más cautivador parecerás como persona.

Las personas como el Dr. King no son sólo visionarios; también poseen la capacidad de transmitir sus visiones personales en algo que otros puedan comprender y sentir fácilmente. Esto hace que su trabajo sea inspirador y motivador: si usted puede hacer lo mismo, será aún más persuasivo y capaz de convencer a la gente de sus ideas.

La gente puede asociar el "carisma" con figuras históricas como Martin Luther King Jr., pero usted puede ser carismático sin convertirse en una figura histórica y famosa. Utilizar imágenes vívidas puede ayudarte a ser carismático en el día a día; Las personas que escuchan son seres emocionales y nada los conmueve más emocionalmente que las imágenes, historias y metáforas vívidas.

¿Qué motiva e interesa a sus oyentes? Una vez que comprenda esto, use esa idea para crear una metáfora que hable su idioma; por ejemplo, un maestro podría transmitir a los estudiantes jóvenes las realidades de la crianza de los hijos diciéndoles que tener hijos es como jugar videojuegos en modo difícil con los ojos cerrados y los controladores rotos.

Una analogía como ésta permite al oyente digerir rápidamente lo que usted está diciendo. Metáforas y analogías como estas son tan efectivas porque no sólo transmiten fragmentos clave de información, sino que también transmiten cómo esa información encaja en su vida diaria; en otras palabras, qué significa.

Los líderes han perfeccionado este método para motivar, inspirar e influir en otros; pero también puedes usar la misma táctica para otros propósitos: crear una buena relación con personas que aún no te agradan o involucrarlas en conversaciones que se sientan más naturales, agradables y simplemente increíbles.

A continuación presentamos algunas estrategias extraídas de los manuales de grandes oradores que pueden ayudarle a utilizar un lenguaje colorido y emotivo que llegue a las personas y las involucre:

No se limite a discutir lo que cree y por qué; Trate de comprender qué motiva a alguien frente a usted, para poder construir un diálogo significativo.

Enmarca tu argumento usando términos que ellos seleccionarían, de modo que al final sientan que los has entendido, ¡y no al revés!

Intente explicar conceptos difíciles utilizando ejemplos identificables que sean más fáciles de entender para los oyentes y lectores, como "Las mitocondrias pueden ser centrales eléctricas de las células, pero el complejo de Golgi actúa como una nevera donde todo se empaqueta y se envía a donde debe ir".

No permita que el lenguaje se vuelva mundano. Incluso en los aspectos más pequeños, mantenga su vocabulario vibrante y fascinante: las personas con vocabularios ricos y vívidos tienden a ser percibidas como más inteligentes e interesantes, así que evite el lenguaje predecible y que suene rutinario y juegue con adjetivos poco comunes o frases divertidas que hagan que la gente se dé cuenta. segundas miradas.

Permita que su propio entusiasmo y alegría se contagien a los demás. Al contar un cuento, adéntrate en su núcleo emocional utilizando la expresión, la voz y el lenguaje corporal mientras lo cuentas.

Dos palabras mágicas para provocar debates interminables

Desde nuestro último consejo y truco, hemos visto que siempre hay una regla tácita sobre las conversaciones exitosas: deben apuntar a conectarse, compartir y disfrutar, en lugar de competir o actuar para avanzar; su atención debe seguir centrándose en el diálogo y no en la autopromoción; Este cambio sutil pero profundo debe permanecer en el centro de todo lo que aprendas de este libro.

Un enfoque que realmente captura esta mentalidad se puede encontrar en la actuación de improvisación. Sea testigo de este intercambio:

R: Brasil sería el destino de mis sueños algún día, su cultura, su gente, su sol... ¡sin mencionar que practicaré mi español allí!

B: ¿Tu español? ¿Te das cuenta que hablan portugués en Brasil?

R: (un poco avergonzado) Sí, um... de todos modos creo que sería genial.
B: Claro... pero ¿cómo es que usted basa su decisión en el conocimiento sobre Brasil?
R: Oh, sí, en la escuela había un niño brasileño increíble que nos ayudó a enseñarnos portugués...

B: Sin embargo, he oído que Brasil tiene una tasa de criminalidad alarmante.

A: (empieza a pensar en salidas)

¿Qué salió mal aquí? A parece estar intentando avanzar mientras B parece estar creando obstáculos y barreras en su camino. Aunque B sólo usó "pero" una vez explícitamente, su significado fácilmente podría haberse pasado por alto: cuando usamos palabras como éstas, que hacen más daño que bien, para negar todo lo que acabamos de decir, refutando a otra persona y deslegitimando sus puntos de discusión; creamos barreras que interrumpen la conversación en lugar de crear algo fluido como la danza o la armonía. Sólo echa otro vistazo:
R: ¡Oh hombre! Brasil sería una experiencia increíble para mí, desde su clima cálido y su gente acogedora hasta practicar mi español en lugares públicos. ¡Ojalá algún día suceda!

B: Entonces, ¿eres un hablante experimentado de español?

R: Bueno, no exactamente; como dije anteriormente, ¡la práctica ciertamente ayudará!

B: ¡La práctica es clave! No vayas a Brasil y ofendas accidentalmente a la madre de alguien cada vez que preguntes dónde está la estación de tren...

R: Absolutamente correcto; Esa es, de hecho, la raíz de toda la violencia de las pandillas.

B: Absolutamente. ¡Tiene que haber un análisis por ahí en alguna parte!

R: Existen estudios para todo lo imaginable... o simplemente podríamos crear los nuestros propios... Soy bastante experto en crear cosas...

En el centro de su primera conversación está la insistencia de B en corregir el error de A, junto con las posturas y juicios posteriores de A. Es casi como un combate de sparring: diga lo que diga A, B tiene que responder con algo contrario. Suena loco dicho así, pero seguramente todos hemos pasado por eso.

Pero en la segunda discusión, las falsedades de A no importan en absoluto; ¡La conversación debe ser simplemente sobre divertirse y conectarse! La discusión no debería apuntar a descubrir quién es superior o quién tiene más razón; ¡Su propósito debe ser divertido!

¡No más silencio! En cambio, esta conversación no presenta momentos explícitos de "sí y", sin embargo, una abrumadora sensación de afirmación impregna ambos diálogos. Cualquier cosa que A diga, B lo acepta plenamente y lo sigue como si fuera una carrera de relevos oficial: ni A ni B están demasiado abrumados por ninguno de los argumentos como para ofrecer su opinión.
Nadie se atasca con nociones preconcebidas sobre hacia dónde debe dirigirse su conversación; en lugar de eso, adoptan un enfoque experimental que crea bromas maravillosas y cálidas que fluyen rápidamente, probablemente creando emociones positivas en ambos lados de la ecuación, convirtiéndose en algo más grande de lo que ninguno de los dos podría imaginar de antemano. Por el contrario, la conversación 1 hizo que B se sintiera superior, pero probablemente dejó a la persona A sintiéndose inferior. Por el contrario, la conversación 2 logró que la persona B se sintiera superior, pero a un gran costo personal para sí misma, ya que la Persona A probablemente ahora la considera arrogante u ofensiva y no puede alejarse de él lo suficientemente rápido.

La improvisación se trata de decir "Sí y" en lugar de "Sí, pero".

Esta guía debe servir sólo como un esquema general; El concepto clave aquí es responder a cada persona sin juzgar, resistir o negatividad. Incluso los indicios menores de no aceptación o rechazo pueden crear barreras importantes entre usted y ellos, lo que hace que sea más difícil que nunca tener conversaciones genuinas, divertidas e increíbles.

Cada vez que cambias de tema o vuelves a él a pesar de sus intentos de darse la vuelta, podrías estar diciendo sutilmente: "No, pero". Su comportamiento podría parecer defensivo o testarudo debido a que entró en esta interacción con una idea de cómo deberían proceder las cosas; Cuando esto no sale según lo planeado, dejas de percibir señales de la otra persona y comienzas a conversar únicamente contigo mismo.

¿Alguna vez has querido sacar a relucir algo importante en una conversación, sólo para que rápidamente se desvíe del tema y haga que tu punto sea irrelevante? Intenta tener la gracia de dejarlo ir. Aunque es posible que se sienta mejor al exponer su caso con fuerza cuando llegue su turno de hablar, sus oyentes podrían pensar "¿escuchó siquiera lo que acabo de decir?"

Nada demuestra aceptación, reconocimiento y validación más eficazmente que reaccionar rápida y espontáneamente a lo que se les ocurre a las personas y ampliarlo en tiempo real. Sumérgete en sus mundos. Tome su afirmación como absolutamente "verdadera", como en una obra de improvisación.

El miedo puede impedir que las personas den este paso; tal vez pienses: "¡Pero no sé qué decir! ¡Estaré en el lugar y no tendré nada ingenioso que decir!". Sí, esto requiere práctica, pero si puedes relajarte un poco y "dejarte llevar", puedes descubrir que algunas de las conversaciones más interesantes son aquellas en las que no se necesita ninguna preparación.
Simplemente esté presente. Nadie espera que seas inteligente, divertido o astuto: ¡esperan que simplemente aparezcas!

Cuando una conversación comienza a derivar hacia un territorio de confrontación y te encuentras atrapado en la trampa del "pero", respira profundamente y centra tu atención en el exterior. En su lugar, asuma lo que la otra persona le está diciendo; Permítales establecer el ritmo, el tono y el tema de la discusión. ¡Cree que cualquier tema puede generar un diálogo brillante! En lugar de preocuparte por parecer inadecuado en una conversación, concéntrate en mejorar su apariencia, ¡este enfoque funciona mágicamente!

¿Está luchando por tener un conflicto con otra persona? Aquí es importante tener en cuenta el estilo y el tacto, omitiendo el "pero".

En lugar de decir "quieres ir por este camino, pero si lo hacemos nos encontraremos con tráfico", di "Sí, podríamos tomar esta ruta, pero es posible que también encontremos algo de tráfico, o podríamos tomar esta ruta alternativa que probablemente será más rápido."

La información presentada sin discusiones ni conflictos se digiere fácilmente; Los buenos conversadores saben cómo estar en desacuerdo sin poner en peligro lo que realmente importa: una conexión agradable.

No importa cuán excéntrica o desagradable sea la posición de otra persona, o cuán desacuerdo pueda ser con ella, aún puedes construir una conexión dinámica y atractiva. Mantén tu ego a raya; deja el guión; ¡Ten fe en los demás! Al igual que en ¿De quién es esta línea? - ¡Todo está inventado y no importan los puntos!

Resumen: Tu voz es una increíble forma de comunicación no verbal. Tenga en cuenta su tono, volumen, articulación y ritmo cuando lo utilice para hablar en público; practique para asegurarse de tener el impacto deseado en sus oyentes.

El neurocientífico Antonio Damasio descubrió que las personas toman decisiones no basadas en la lógica sino en las emociones, lo que debería ser el objetivo cuando se buscan relaciones significativas.

Utilice bucles abiertos para crear conversaciones que se sientan ricas, plenas y "completas". Simplemente comience a contar un cuento sin concluirlo inmediatamente si la conversación falla; regresar más tarde si es necesario puede hacer que todo fluya sin problemas.

Mientras habla, sea más cautivador utilizando un lenguaje fresco, novedoso y vívido. Utilice metáforas para simplificar temas complejos en un lenguaje fácilmente identificable; conectarse emocionalmente mediante el uso de lenguaje e imágenes convincentes, demostrando entusiasmo.

Enfoque la conversación lejos de usted mismo y hacia la otra persona, con el objetivo de establecer una conexión en lugar de competir o actuar. Utilice el "sí y" de la comedia de improvisación como un medio para mantener las cosas abiertas y dinámicas; Esté dispuesto a liberarse de nociones preconcebidas sobre cuál debería ser el objetivo de su conversación y siga lo que se desarrolle de forma natural: ¡la experiencia se sentirá más natural, agradable y conectada!

Es verdad lo que dicen; ¡El silencio puede ser poderoso! La intencionalidad también importa: ¡lo que no decimos puede tener el mismo poder!

Como en la música, los espacios entre notas son igualmente esenciales en la conversación; Los silencios en el momento justo y por razones justificables pueden decir mucho sobre lo que se está comunicando. Las pausas sólo deben utilizarse de forma deliberada.

Los elementos sustantivos añaden estructura y profundidad a lo que se está discutiendo.

Ofrecen comodidad tanto para los oyentes como para los participantes en una discusión.

Algunas personas tienden a hablar mucho y sin parar. Sus lenguas pueden fluir con información por varias razones: tal vez comparten un interés o están llenos de ansiedad, tal vez no se sienten escuchados y, por lo tanto, necesitan seguir repitiéndose para dejar su punto más claro cada vez.

No importa la causa, estas personas tienden a no ser tomadas en serio y, a menudo, ¡desconectan! "Hablar demasiado" puede significar muchas cosas: repetirse; utilizar palabras innecesarias o complicadas donde bastarían unas más sencillas; alargar frases más allá de la longitud deseada; constantemente desviándose o divergiendo en conversaciones irrelevantes. ¡Una parte de esto también consiste en simplemente llenar cada momento con discursos hasta que no quede espacio para respirar!
Pero tomarse el tiempo para detenerse, reflexionar y considerar cuidadosamente cada palabra antes de hablar tendrá varios efectos. En primer lugar, se relajará más: si se queda sin aliento rápidamente o si su voz se ahoga o suena incómoda al hablar en voz alta, es probable que su respiración no se haya relajado adecuadamente; La respiración relaja tanto el cuerpo como la laringe, lo que ayuda a que su voz suene más relajada como resultado y, por lo tanto, hace que los demás se sientan cómodos al escucharla en sus laringes. Al escuchar la relajación en su laringe, las personas se sentirán más cómodas, ¡al igual que la confianza al hablar en voz alta!

Las pausas brindan a sus oyentes tiempo para procesar lo que ha dicho. Hacer esto le recuerda cortésmente a su audiencia que, si bien usted ya comprende lo que ellos necesitan escuchar, es posible que otros aún no lo hagan. Sal corriendo sin darles este tiempo; esto puede hacer que pierdan el interés por completo.

Mantener el ritmo y moderar su discurso con pausas aporta un aire de tranquilidad, dignidad y presencia de ánimo a cualquier discurso que pronuncie. ¿Alguna vez has deseado haber hablado más descuidadamente? Sin duda no; pero es muy probable que te arrepientas de haber hablado sin pensar o de haber tomado decisiones sin mucha consideración; Al hacer una pausa, te das tiempo para reflexionar sobre por qué y qué está sucediendo con lo que estás haciendo y hacia dónde se dirigen tus prioridades.

Hacer una pausa le da un respiro para observar cómo reaccionan otras personas, de modo que pueda adaptarse de inmediato si es necesario. ¿Alguna vez has hablado con alguien que parece no darse cuenta de que su historia te aburre hasta las lágrimas? Es posible que estén demasiado inmersos en contarlo y no se den cuenta de que no estás interesado. Además, hacer una pausa puede servir como un reemplazo ideal para palabras de relleno irritantes como "um" y "me gusta".

Desacelerar. Experimente agregando pausas más largas a su discurso, de uno o dos segundos de duración (¡podría contar "un Mississippi" en su cabeza como indicador!). Al practicar este hábito, darás la impresión de ser más deliberado, confiado y en control; muchos temen hacer una pausa por temor a que otros pierdan el interés o interrumpan; ¡Pero inténtelo como un experimento y vea qué tan bien funciona! ¡Quizás descubras que lo prefieres a las respuestas interrumpidas!
Mientras sus propias palabras sean tratadas con cuidado y consideración, los demás estarán más dispuestos a corresponder sus esfuerzos.

¿Dónde deberías hacer una pausa? Mantenlo natural colocándolos donde normalmente aparecerían comas o puntos en el discurso escrito. Hacer una pausa después de hacer un punto importante o antes de comenzar una nueva oración o revelar fragmentos de información interesante son lugares efectivos para la reflexión o el pensamiento de la audiencia; por ejemplo, después de una pregunta retórica interesante y, cuando se combina con un lenguaje corporal o expresiones faciales apropiadas, puede incluso resultar más beneficioso. ¡Poderoso que cualquier cantidad de palabras! Estudie cómicos y oradores públicos conocidos para inspirarse en cuanto a cuándo y dónde hacen una pausa, así como su ritmo general y dónde se detiene desde donde normalmente se detiene.

Escuchar como ejemplo el discurso de aceptación presidencial del presidente Obama. Observe su uso de pausas (¡muchas!) para darle seriedad y potencia a su discurso y al mismo tiempo darle tiempo a su audiencia para reaccionar a lo que está diciendo. Sus pausas le permiten disfrutar y experimentar plenamente cada palabra que pronuncia mientras mantiene su atención, algo que debería intentar hacer en sus discursos para darle mucha más autoridad y peso que simplemente hablar rápida y rápidamente a través de todos ellos.

Busque un párrafo de texto y practique decirlo en voz alta al ritmo deseado para ganar confianza y facilidad al hablar en voz alta. Concéntrate primero en respirar: cuando tu respiración sea suave y uniforme, te sentirás relajado y más agradable al hablar en voz alta; Intente respirar profundamente mientras visualiza simultáneamente cómo se liberan lentamente sin apresurar las palabras; repita hasta encontrar un flujo suave: cuando nos ponemos nerviosos (¡o excitados!), los patrones de respiración superficiales o irregulares pueden resultar en voces tensas, agudas o sin aliento. Pero cuando respirar regularmente permite más libertad, ¡literalmente hablando!

Aplicar el principio de Pareto Quizás mejor conocido por su nombre coloquial "regla 80-20", el principio de Pareto simplemente establece que el 20% de los insumos proporcionan el 80% de los resultados. Este principio se utiliza desde hace mucho tiempo en los negocios, pero podemos obtener conocimientos adicionales si lo aplicamos nosotros mismos.
Aplíquelo a nuestro mundo de habilidades de comunicación y conversación, particularmente para convertirse en mejores oyentes.

Comencemos haciéndonos esta pregunta: en tu última conversación, ¿intentabas ser interesante o interesado? O podemos plantearlo de otra manera: ¿el propósito de la conversación es mostrarle a alguien lo que sabes o aprender lo que ellos saben?

Todos entendemos el valor de la escucha activa, pero ¿cuántos de nosotros realmente la practicamos? Aplicar el principio de Pareto a la escucha significa: el 80% de las conversaciones deben girar en torno a otros y el 20% deben centrarse en usted mismo; aunque si esto le parece inusual, considere cuántas conversaciones han tenido lugar en las que esta proporción se invirtió.

Aquí hay algunas estrategias efectivas para alienar, aburrir y agotar rápidamente a los demás en una conversación:

"Dejarles caer" tu historia, acaparar el tiempo de conversación y hacer que todo sea sobre ti son formas que podrían interponerse en tu camino.

Esfuércese por dirigir las conversaciones hacia los temas que desea que aborden; Escuche cuando alguien cambia de tema suavemente pero rápidamente regrese a su punto de discusión como si nadie hubiera hablado antes de continuar su argumentación sobre su punto sin que nadie más le escuche.

Hacer todo lo posible para impresionar, hablar o alardear ante los demás para superar la conversación o conectar cada idea contigo mismo a través de anécdotas personales probablemente fracasará con quienes te rodean. Ser esa persona que interrumpe a los demás con comentarios de "bueno en realidad...". Ser falso y no auténtico mientras se ejecuta un "guión" ineficaz y predecible. Por ejemplo, preguntar cómo está alguien y luego desconectarse por completo cuando recibe su respuesta porque el tiempo para la pregunta ha expirado es otra forma de falsificación y falta de respeto.

Por mucho que todos nos esforcemos por convertirnos en mejores conversadores, este deseo puede resultar contraproducente si nos centramos únicamente en ser "mejores". En otras palabras, en lugar de preguntarnos cómo puedo mejorar, "¿cómo puedo hacerme más interesante o carismático?", podemos preguntarnos:

Sabes exactamente dónde radica el problema; todo se centra en ti.
Si realmente desea convertirse en un conversador atractivo, hágase estas preguntas: "¿Cómo puedo hacer que mi interlocutor se sienta bien?" Disfrutar y profundizar mi conexión con ellos es importante, pero aprender de ellos y ayudarlos a brillar también es clave.

En cuanto a la mentalidad, es bastante diferente; ¡Es la diferencia entre ser interesante y estar comprometido! Incluso puede resultar aburrido hablar con una persona interesante si sus interacciones hacen que los demás se sientan ignorados, aburridos o desestimados.

Ser un oyente activo puede ser un desafío. Necesitas hacer más que actuar el papel; ¡Necesitas escuchar realmente! Primero, observa. Inicie conversaciones sin una agenda, suposiciones o prejuicios en mente; intente comprender que cualquier tema puede surgir en la conversación y que cada conversación es una experiencia de cocreación viva y en desarrollo, ¿no es emocionante? Siente curiosidad a medida que se desarrolla el desarrollo.

Mientras escucha, trate de no pensar en cuándo será su turno de hablar en el futuro. No pienses con anticipación en cómo podrías responder o filtrar todo a través de un filtro para decidir si está de acuerdo o en desacuerdo con lo que se ha dicho; tu tarea aquí solo debe ser escuchar y recopilar información mientras miras a la persona a los ojos para comprender su visión del mundo: cómo se siente ser ellos ahora, de dónde vienen realmente, etc.

Mientras alguien habla, brindarle este tipo de atención solo lo dejará más encantado que antes. Una técnica común de escucha activa es repetir lo que se ha escuchado para demostrar su comprensión, aunque este paso no es estrictamente necesario si alguien siente que tiene toda su atención.

La escucha activa es iterativa, lo que significa que debes ajustar y afinar a medida que avanzas. Esté preparado para sorpresas si la conversación da un giro inesperado; no se apresure a defender o explicar algo con lo que no está de acuerdo, por ejemplo, si alguien menciona un área que conoce bien; en lugar de centrarse en la comprensión y la conexión en lugar de responder, evaluar o negar, ¡todo esto marcará una gran diferencia tanto para usted como para la otra persona involucrada!
Ahora bien, es posible que se haya preguntado: "Si escucho el 80% del tiempo y sólo hablo el 20%, ¿cómo puedo expresar lo que quiero? ¿Tengo que ponerme en segundo lugar todo el tiempo para poder ser un ¿Conversador eficaz? Pero si examinamos nuestro enfoque desde otro ángulo, esta pregunta proviene de una mentalidad que ve las conversaciones como competencias en lugar de interacciones agradables entre dos individuos, donde se valora más hablar que escuchar. Recuerde: ¡es perfectamente posible tener conversaciones brillantes y profundamente satisfactorias incluso con alguien con quien hablamos muy poco!

A decir verdad, darles espacio a las personas y asegurarse de que se sientan escuchadas los alentará naturalmente a corresponder su gesto de darles espacio para expresarse, lo que los llevará a hacer oír su voz sin problemas. Por el contrario, si las personas tienen la sensación de que usted siempre está compitiendo por llamar la atención o tratando de dominar el diálogo, es posible que se sientan menos inclinadas a darle tiempo al aire y, de hecho, es menos probable que le dejen hablar.

La próxima vez que te encuentres enfrascado en una conversación, ten en cuenta cómo tu enfoque cambia con el tiempo. Monitorízate momento a momento para ver si afecta más a ti mismo, a la otra persona o, en general, al tema en cuestión. Si bien está bien ocupar un lugar central de vez en cuando, intenta alejarte de ti mismo manteniendo la mirada enfocada hacia afuera y lejos de ti mismo mediante métodos como:

Cuestionar qué los inspiró a emigrar es clave aquí; intente preguntar, por ejemplo: "¿qué inspiró su decisión?")

Anímelos a hablar más ("¿Sí?" o "¿Y luego qué?")

Exclamaciones ("¡Guau!")
Después de que alguien hable, tómate el tiempo para procesar lo que dijo sin interrumpirlo instantáneamente; Tómese suficiente tiempo para procesar antes de responder directamente o forzar a alguien a salir del escenario para su turno. Haga preguntas abiertas que inviten a compartir antes de permanecer en silencio para permitir que otros hablen libremente. Centra toda tu atención en ellos cuando hables en voz alta.

Si desea un gran ejemplo de escucha activa en acción, mire a algún excelente presentador de un programa de entrevistas de televisión entrevistar a sus invitados. Observe cómo, paradójicamente, se muestran simpáticos y carismáticos a pesar de que han dejado que su invitado brille por completo.
Observe cómo, irónicamente, su capacidad para dejar hablar cómodamente al otro les hace parecer confiados, en control y relajados, ¡un indicador de lo cómodos y relajados que se sienten consigo mismos y con el objetivo de hacer que los demás queden bien! La próxima vez que hables con alguien, ponte en su forma de pensar y observa cuán dramáticamente cambian las cosas.

Las microexpresiones pueden decir mucho.

Hasta ahora, hemos explorado varios consejos y técnicas para comunicarse de manera efectiva e interactuar con los demás para volverse instantáneamente más atractivo y relacionable con ellos. Ahora centrémonos en comprender a las personas.

La comunicación involucra dos partes: tanto el remitente como el destinatario de los mensajes. Si puede percibir con precisión cómo han llegado sus mensajes y comprender con mayor precisión lo que otros comparten con usted, sus conversaciones fluirán más fácilmente y llegará a comprender mejor a los demás, lo que los llevará a sentir que los comprende más y los llevará a considerar. Como resultado, eres más amigable, más simpático y carismático.

Si encuentra que las interacciones son incómodas o extrañas sin comprender por qué, o si a menudo se siente incomprendido, podría deberse a que lo que las personas dicen difiere de lo que realmente sienten y piensan. Convertirse en un lector experto de personas requiere observación e intuición a partes iguales.

Las microexpresiones son expresiones faciales ultrarrápidas (¡1/15 de segundo!) que se cree que son indicadores genuinos de los estados emocionales de las personas. Similar a las "macroexpresiones", pero con efectos de menor duración. Los ejemplos incluyen ira, miedo, disgusto y sorpresa. Cualquiera puede fingir u ocultar sonrisas, pero si alguien puede captar una microexpresión, esto da una idea de lo que las personas realmente experimentan, independientemente de la imagen que retratan.

Comprender las microexpresiones nos ayuda a comprender mejor por qué a veces podemos retirarnos de situaciones sociales.
Pueden existir incertidumbres entre las conversaciones oficiales y los subterfugios tácitos; Cuando estas dos historias chocan sin saberlo, puedes sentir incomodidad sin darte cuenta de por qué. Sin embargo, al volverse más consciente de las microexpresiones, podrá detectar mejor cualquier ambivalencia, enmascaramiento o intenciones francamente engañosas de los demás.

Un ejemplo sería cuando uno de los amigos de tu pareja te sugiere ir a beber aunque ya es tarde y todos están agotados. Tu pareja sonrió cortésmente pero inmediatamente te lanzó una mirada con un lenguaje corporal tenso y un ligero gesto de ceño al escuchar esta sugerencia, demostrando que solo tenía la intención de ser educada al aceptar. Sonreíste cortésmente pero rechazaste respetuosamente esta oferta de tu amigo.

Notar las diferencias te permitió obtener una lectura mucho más profunda de una situación cotidiana. Su esposa había aceptado oficialmente, pero sus microexpresiones revelaron sus verdaderos sentimientos: si se le hubiera pasado por alto esta pista, la velada podría haber sido diferente; ser sensible incluso a los pequeños "indicios" de emociones genuinas ha ayudado a crear a alguien más comprometido y comprensivo.

Mientras trabaja, es posible que observe a un colega actuar enojado. Sin embargo, al leer otras señales y observar sus microexpresiones, uno llega a creer que en realidad puede estar más temeroso que enojado; por lo tanto, cuando hable con él la próxima vez, esfuércese por tranquilizarlo, reducir la velocidad y ofrecerle soluciones en lugar de ponerse a la defensiva (¡como la mayoría tendería a hacer cuando se enfrenta a una persona enojada!). Es posible que sienta que tus interacciones son particularmente intuitivas o empáticas, ¡pero esto no se logró mediante alguna habilidad mágica!

La lectura de microexpresiones también ofrece otra ventaja: ¡descubrir mentiras! Por ejemplo, si alguien dice que le encanta el regalo de cumpleaños que le diste e inmediatamente después de hacerlo muestra una expresión de disgusto y sorpresa, ¡esto puede dar un indicador de qué no regalarle el próximo año!

Solo recuerde que la lectura de microexpresiones debe realizarse junto con cualquier otra observación que realice. Especialmente con personas que no conoce bien, es mejor comparar cualquier observación notable con una línea de base para fines de comparación y buscar patrones en lugar de incidentes aislados; ¡algo que dura sólo 1/15 de segundo puede fácilmente pasar desapercibido o malinterpretarse!

Algunos pueden argumentar que la mayoría de los movimientos faciales fugaces son tan rápidos que son difíciles de detectar conscientemente; en cuyo caso, confíe en su intuición y en su instinto. Si alguien parece amigable pero te hace sentir incómodo al hablar con él, no descartes tu percepción; quizás tu subconsciente haya detectado discrepancias entre sus palabras y lo que realmente siente; ¡Tu cuerpo y tu mente podrían simplemente estar advirtiéndote!

¿Te has preguntado por qué la gente hace clic?

¿Alguna vez ha tenido esa "sensación de clic" al entablar una conversación? Pues Emma Templeton y sus colegas realizaron un experimento para investigarlo y publicaron sus resultados en 2022 en la revista Psychology and Cognitive Sciences.

Lo que hicieron fue pedir a parejas de extraños y amigos que conversaran antes de que ellos mismos informaran sobre su nivel de conexión o "clic". El equipo descubrió que cuando las parejas tenían tiempos de respuesta rápidos, era más probable que informaran haber hecho clic. ¿Quizás debido a que se siente más cerca de personas con tiempos de respuesta cada vez más rápidos que los que responden más lentamente? Quienes responden más rápido inconscientemente tienden a hacer que las personas se sientan más cercanas.

Los investigadores observaron un resultado similar cuando se pidió a otros que observaran y calificaran las conversaciones entre dos personas y calificaran si pensaban que los dos parecían compatibles o no; ellos también notaron tiempos de respuesta más rápidos = mejor conexión.

Pero primero, algunas advertencias sobre este estudio. Los investigadores sólo encontraron que las personas eran más propensas a informar conexiones sólidas con socios que respondían rápidamente; es decir, quienes sentían que los entendían bien y esa conversación fluyó sin problemas. Se desconoce si esto equivale a vínculos genuinos de comprensión. Sin embargo, en última instancia, ¿puede que no haya mucha diferencia entre estar conectado y sentirse conectado?

Otra limitación de la investigación fue su alcance limitado: solo hizo una observación (las conversaciones con tiempos de reacción más rápidos tienden a describirse como más conectadas), pero ¿eso implica que podemos aumentar qué tan bien conectadas se sienten otras personas con nosotros si respondemos más rápidamente? ? Desafortunadamente, esto es algo que el estudio no exploró, ¡pero ciertamente puedes probarlo tú mismo!

La próxima vez que inicie una conversación, intente prestar más atención que simplemente al tiempo de respuesta (que es solo una métrica), sino a la capacidad de respuesta general. Las personas se sienten más conectadas, vistas, reconocidas y comprendidas cuando parece que hay otra persona ahí, respondiendo rápidamente, prestando atención y escuchando atentamente. ¡Piense en lo mal que va una llamada internacional con retrasos! Las llamadas de Zoom con ligeros retrasos pueden tener resultados similares: sentimos que es más difícil lograr un flujo auténtico entre todos nosotros.

Los viejos amigos suelen disfrutar de silencios relajados entre ellos; sin embargo, para mantener un flujo conversacional saludable y evitar brechas. Si alguna vez hay alguna duda entre los temas de conversación, regrese a un bucle abierto (¿ve lo útiles que pueden ser?) o plantee una pregunta abierta para reactivar las cosas nuevamente. No necesariamente necesitas agregar nada nuevo al diálogo para que cuente como respuestas rápidas; simplemente demuestra que has escuchado y comprendido su historia, como asentir con la cabeza mientras hablan o hacer coincidir las expresiones faciales mientras hablan.

El simple hecho de hacer una pregunta a menudo puede reactivar el diálogo estancado. Un factor adicional a tener en cuenta al realizar una consulta: la posible respuesta.

Las pausas en la conversación a menudo ocurren cuando ambos participantes han agotado un tema. Si es usted, tenga en cuenta que ahora podría ser una oportunidad ideal para profundizar la interacción; podría ser simplemente una señal de que algo está listo para cambiar en términos de profundidad del diálogo; tal vez intente practicar una revelación mínima o pase a discutir algo. ¿más personal?

Sin embargo, si bien siempre es mejor hacer que las cosas fluyan sin problemas y con alegría, no permita que la obsesión por llenar los vacíos de tranquilidad se convierta en ansiedad o desesperación. Si te sientes ansioso y tratas desesperadamente de decir algo sólo para llenar ese silencio entre los turnos de conversación, ¡tu propia ansiedad puede terminar haciendo exactamente eso!

Seamos honestos: a veces las conversaciones pueden volverse incómodas y los silencios surgen independientemente de nuestros mejores esfuerzos para salvarlos. No es necesario llenar todos los silencios y no todas las conversaciones serán un ejercicio de ingenio y sofisticación; si las cosas parecen extrañamente incómodas, podría ser mejor terminar la discusión con elegancia para poder retomarla en otro momento cuando la química pueda ser diferente.

Mantén siempre la calma y la confianza, siendo amigable y enmarcando el final de una conversación como algo lamentable: "Bueno, ha sido agradable conversar; lamentablemente debo irme ahora; deséame suerte con tu presentación la próxima semana y espero verte en algún momento". !"

Explorando las minas terrestres en conflicto

Hasta ahora, todo bien. Pero, ¿qué sucede cuando las conversaciones no salen como se esperaba y surgen desacuerdos entre usted y la otra persona? En el volátil panorama político actual, los argumentos ideológicos parecen más prevalentes que nunca, elevando aún más las apuestas: sientes como si la otra persona no escuchara la "lógica", ¡pero siente lo mismo por ti!

¿Alguna vez has notado que alguien tiene dos creencias aparentemente incongruentes que no van juntas en absoluto? Este fenómeno se llama disonancia cognitiva: cuando coexisten simultáneamente dos puntos de vista mutuamente contradictorios. Pero no espere que las personas (¡incluido usted mismo!) dejen de mantener esos puntos de vista simplemente porque usted señala una disonancia cognitiva; en lugar de eso, pueden continuar con sus puntos de vista independientemente.

Adherirse aún más a creencias y conceptos que ayudan a formar su andamiaje mental sólo puede reforzarlo aún más, incluso si estas ideas parecen irracionales o poco razonables.

¿Cómo podemos abordar la disonancia cognitiva? Bueno, lo primero es lo primero: reconocerlo dentro de ti. Nos gusta creer que siempre tenemos sentido; Al reconocer cuándo y por qué nuestros procesos de pensamiento racionales no coinciden con la perspectiva de otra persona, obtenemos una mayor comprensión. Además, aprende cuándo alguien habla desde una posición de disonancia cognitiva: de esta manera sabrás cuándo alguien está haciendo declaraciones desde esta posición de conflicto o disonancia cognitiva.

Parecen sorprendidos por la nueva información, pero no están dispuestos a modificar su posición en consecuencia.

No pueden transmitir con precisión su punto de vista.

Asumen que su intención al hablar con ellos es maliciosa.

A medida que progresan, cambian sus objetivos o definiciones en consecuencia.

La gente tiende a responder con ira e indignación cuando se les acusa de algo. Gritan o se indignan cuando alguien los confronta directamente por algo.

Las evaluaciones de carácter e identidad ponen mayor énfasis en sus cualidades únicas que en cualquier argumento o afirmación que esté haciendo.

Rápidamente se retiran de la discusión sin hacer concesiones ni concesiones.

¿Qué pasa si encuentras estas características en otras personas? ¿Deberías enfrentarte a ellos directamente e ir a la batalla? ¡Absolutamente no! Es probable que esa persona no defienda sus intereses de buena fe y, por lo tanto, no pueda involucrarlo de manera efectiva a través del debate; sus puntos de vista cognitivos disonantes impiden cualquier diálogo significativo con usted.

Recordando nuestra regla de oro de la conversación, es importante tener este objetivo en mente: conectar, comprender y vincularse. A menudo, cuando discutimos (¡especialmente con alguien que se niega a escuchar!), olvidamos este hecho básico: cada conversación entre amigos, colegas y socios tiende a ser más emocional que lógica.

Ante una disonancia cognitiva, lo mejor es no involucrarse en un debate innecesario con quienes no pueden o se niegan a ser convencidos de lo contrario; en cambio, deberíamos trabajar para restablecer la relación y encontrar formas de restaurar las relaciones. ¡Recordar esto, recordar su primer instinto puede ser correcto!
Las personas responden de esta manera debido al miedo: cuando sienten cualquier amenaza a su disonancia, harán lo que sea necesario para defenderse y mantenerse en su posición; presionar más solo los fortalecerá aún más y empeorará sus esfuerzos de reconciliación.

Ahora es el momento de dejar de presionar.
La próxima vez que una discusión llegue a este nivel, da un paso atrás y vuelve a conectarte. Un método podría incluir contar un chiste inofensivo que provoque risas sin insultar directamente su personalidad; aligerar las cosas mientras enviamos el mensaje de que, aunque no estábamos de acuerdo, todavía había respeto entre ambos y usted estaba escuchando; esto reduce los niveles de amenaza percibidos y disminuirá su actitud defensiva.

¿Está cansado de lidiar con la actitud defensiva y la disonancia cognitiva de los demás? Invítelo usted mismo sin darse cuenta Si es así, podría estar provocando, sin saberlo, una actitud defensiva y una disonancia cognitiva con su actitud y enfoque. Específicamente, acercarse a quienes están de acuerdo con usted (o "ponerse a su lado") como evidencia de superioridad podría poner a las personas nerviosas; De manera similar, encuadrar el diálogo como un juego de suma cero en el que cada lado se culpa mutuamente es una forma segura de generar conflicto. ¡Ser arrogante o terco sólo inspira a quienes los rodean!

Una segunda mentalidad implica, sin saberlo, presionar a las personas para que se conviertan en versiones perfectas de sí mismas y vivan de acuerdo con sus valores de inmediato, o corren el riesgo de perder la integridad. Digamos que alguien admitió en una conversación sobre vegetarianismo que comer carne causa daño; probablemente se pondría a la defensiva si luego le exigiera que cambiara su dieta inmediatamente de acuerdo con este nuevo entendimiento; ¡A veces la gente simplemente necesita tiempo para recuperarse!

La tercera mentalidad ocurre cuando echamos en cara el comportamiento pasado de las personas. Considere esto: cuando su interlocutor se convierte en su oponente, su acuerdo con usted se convierte en una admisión de derrota: ¡¿quién querría eso?! Al transmitir la idea de que usted quiere ganárselos en lugar de conectarse, aprender o comprender, esto pone a ambas personas en guardia contra ser atacadas como oponentes y podría generar resistencia en ambos lados.
Una vez que se encuentre inmerso en una discusión cada vez más acalorada, respire profundamente y recuéstese. Observa tu cuerpo. Cuando se le hace un nudo en la garganta o el tono de su voz se eleva repentinamente, esta podría ser la respuesta natural de lucha o huida de su cuerpo; Recuerde que solo está teniendo una conversación y deténgase para recordar que no es necesario ir más allá de este punto.

Date cuenta en ese momento de que, si continúas en tu dirección actual, es probable que se produzca una falla en la comunicación. Pero tienes una opción; Condúcete de tal manera que priorices la armonía, la comprensión y la fluidez por encima de los argumentos basados en el ego sobre quién debería tener razón. Una vez que el cambio surta efecto, te darás cuenta de que pueden comenzar a tener conversaciones reales y ¡son mucho más agradables!

Empatía y puntos ciegos

La inteligencia conversacional implica más que simplemente ser encantador. ¿Con qué frecuencia se ha visto envuelto en conversaciones que no eran nada agradables pero que parecían bastante agradables desde el punto de vista de otra persona? ¡Pueden pensar que son cautivadores mientras tú piensas lo contrario!

¡Piense en cómo a veces esta dinámica puede funcionar en su contra!

Desafortunadamente, lo que nos hace malos en la conversación es también lo que nos impide darnos cuenta de por qué: la inconsciencia y el egocentrismo.

¿Qué tan bien has estado contando y preguntando, tratando de ser interesante versus estar interesado? Al intentar convencer a los demás de su punto de vista, es posible que se haya pasado por alto un dato importante: no estaban disfrutando de lo que se les presentaba. Eso significa que es posible que haya caído presa de puntos ciegos en la conversación, donde alguien piensa que le está hablando directamente mientras en realidad conversa con otra persona sin siquiera darse cuenta de cuál es el verdadero problema... y usted sigue sin darse cuenta.

Se requiere conciencia de uno mismo, disciplina y práctica para evitar actuar como si las conversaciones fueran simplemente "monólogos en compañía de otra persona". Muy a menudo la gente habla sin darse cuenta del fracaso del diálogo.

Tu personaje puede parecer encantador, ¡pero es posible que eso no se traduzca en realidad! Esto se puede explicar fácilmente: al expresarse y compartir sus opiniones con alguien, se libera dopamina y puede crear la falsa creencia de que esta liberación de dopamina también la experimenta esa persona, dando la falsa sensación de que se siente feliz cuando en realidad podría estarlo. ¡Sentirse aburrido, alienado o rechazado! Es posible que pasemos por alto que sus niveles de dopamina no hayan aumentado, lo que nos lleva a suponer que la otra persona siente el mismo sentimiento de autoexpresión, pero esta liberación de neurotransmisores de recompensa podría causarnos la misma sensación. Sin embargo, mientras nuestro cerebro nos recompensa con dopamina, libera neuroquímicos similares que se liberan durante el rechazo o el dolor físico.

Su oyente podría entrar en un modo involuntario de lucha o huida y sus cuerpos podrían comenzar a producir cortisol, inhibiendo las funciones ejecutivas (la corteza prefrontal) mientras su cerebro inferior (amígdala) toma el control; ya no prestan atención ni participan, y desde su perspectiva, esto podría pasar completamente desapercibido... a menos que muestren empatía hacia su situación.

La empatía nos permite ver más allá de nuestros puntos ciegos y estar atentos a los demás cuando podemos distraernos o ensimismarnos, razón por la cual la inteligencia conversacional es clave para una conversación eficaz. Aunque desarrollarlo requiere práctica, aquí hay algunas estrategias útiles que puedes probar durante tu próxima conversación, todas ellas requieren la suspensión de suposiciones:

Comience reconociendo que puede tener puntos ciegos en la conversación; ¡Cada vez que pienses de esta manera es evidencia de que este puede ser el caso!

Otro consejo clave es no dar por sentado que otros comparten sus pensamientos, creencias y perspectivas sobre cualquier tema, especialmente sobre cualquier cosa que tenga valor para ellos. Evite hacer conjeturas.

La conversación se trata de conocer a alguien nuevo; no asuma que ya los conoce ni sus opiniones; ¡Haga más preguntas en lugar de hacer declaraciones!

No asuma que todos ven las conversaciones de la misma manera que usted. Nuestros objetivos y necesidades al hablar con los demás pueden diferir; por lo tanto, no debes asumir que su comprensión es idéntica a la tuya. Las personas juzgan según diferentes criterios cuando hablan con los demás.

El éxito se puede percibir de varias maneras. Si bien es posible que vea las interacciones como oportunidades para compartir conocimientos e intereses que posee, también pueden brindarle la oportunidad de crecer en un contexto profesional.

¿Cómo percibe la otra persona esta conversación y todos los hechos que le estás contando? Esta es información crítica.
La empatía comienza con la comprensión.
A menudo asumimos que lo que decimos sólo puede tener un significado; en verdad, el significado sólo se adquiere una vez que ha sido comprendido por el oyente.

La conversación no se transmite; más bien es co-crear. Por lo tanto, si no nos conectamos o no nos escuchan, es posible que algo haya salido mal en este proceso.

Mientras los oyentes entiendan, nadie debería asumir la responsabilidad. Más bien, necesitamos adaptarnos.

Como hemos explorado, es posible desarrollar la empatía conversacional tomando conciencia de cuánto tiempo de aire dedicamos a las conversaciones y dónde recae la atención (ya sea en nosotros mismos o en los demás). Para mantener la mente abierta y estar orientado al descubrimiento, simplemente oblígate a reemplazar las afirmaciones con preguntas cada vez que empiecen a parecer demasiado largas; cada vez que surja el impulso de tu ego, ¡simplemente cambia y siente curiosidad por su mundo interior! Escuche con una intención de conexión en lugar de respuesta: ¡considere las interacciones como experiencias lúdicas en lugar de batallas por el dominio o la persuasión!

Pruebe la técnica del "doble clic". Las páginas web a menudo incluyen hipervínculos que, al hacer clic en ellos, abren nuevas páginas con más información. Las personas son similares; imagine que casi todas las oraciones que dicen están subrayadas en azul pero inexploradas; "Haga doble clic" para pedirles que den más detalles o profundicen en lo que le han dicho.

Los narcisistas conversacionales utilizarán estos vínculos como oportunidades para jactarse de sí mismos. En lugar de eso, corra el riesgo de que esta persona tenga algo que valga la pena compartir; después de todo, ¿no crees que tienes cosas maravillosas que quieres mostrar a los demás? Dale el regalo a otro.
Otra técnica útil es fingir que usted y la otra persona son extraterrestres de mundos o especies diferentes, o criaturas de especies completamente diferentes. Todos habitamos universos internos muy diferentes a pesar de compartir normas culturales comunes. Dé un pequeño paso: suponga que ellos viven en un lugar diferente al suyo; A partir de ahí, no hagas más suposiciones; simplemente invítalos a compartir contigo lo que saben con curiosidad agradecida y sin prejuicios.

La inteligencia conversacional y la empatía requieren práctica y compromiso, pero puede haber áreas en las que puedes empezar a trabajar ahora mismo o en tu próximo encuentro social:

¿Las conversaciones te parecen debates y tu opinión es tan rígida que ni siquiera puede considerar otra perspectiva (por no decir que estás de acuerdo con ella, sólo reconocerlo)?

¿Se siente a menudo abrumado en las conversaciones debido a amenazas, confusión o enojo? ¿Se ha puesto en modo defensivo/protector al hablar con otras personas? Considere cómo esto podría inhibir su capacidad de empatía.

¿Escuchas atentamente lo que dice la gente sólo para poder formarte una opinión al respecto? En otras palabras, ¿las conversaciones se convierten en juegos de juicio entre dos individuos en los que uno disfruta desmenuzando las declaraciones hechas por cualquiera de las partes o contraatacando cuando las suyas son atacadas?

¿Está cometiendo errores que luego resultan ser falsos? ¿Tiene alguna suposición sobre las personas, para luego darse cuenta de que era falsa? ¿Tiene alguna suposición que tenga hoy que pueda resultar errónea en el futuro y que ni siquiera sea consciente?

A decir verdad, todos tenemos puntos ciegos conversacionales; esa es simplemente la naturaleza humana. Sin embargo, al estar dispuestos a examinarlos honestamente, nos damos la oportunidad de recordar por qué existe la conversación: no simplemente ampliar la propia perspectiva, sino extender la mano con respetuosa curiosidad para comprender las cosas desde el punto de vista de otra persona.

Los seres humanos crearon el lenguaje específicamente para comunicarse a través de fronteras: expandirse más allá de nuestra percepción individual y entrar en los mundos de otras personas. Si este no fuera nuestro objetivo, ¡podríamos simplemente mirarnos a nosotros mismos!

Análisis profundo continuo y temprano

Si bien hablar con familiares y amigos cercanos a menudo puede llevar a una conversación aburrida, a veces los encuentros más enriquecedores y significativos ocurren con aquellos a quienes acaba de conocer.

Kardas y Epley, publicado en el Journal of Personality and Social Psychology de 2022, descubrieron que las conversaciones profundas y significativas con extraños son extremadamente valiosas, ¡más de lo que la mayoría de la gente anticipa! La gente suele pensar que este tipo de charlas con extraños serán incómodas o desagradables; ¡Sin embargo, puede que este no sea el caso en absoluto!

Los investigadores emparejaron a personas al azar y les dieron temas, incluidos miedos y sueños, para discutir. Antes de hablar, pidieron a los participantes que predijeran cómo se desarrollaría la conversación; la mayoría estimó que discutir temas tan delicados podría resultar incómodo o difícil para cualquier otra persona, pero después del diálogo descubrieron que en realidad lo disfrutaban inmensamente.

Para examinar más a fondo esta cuestión, se llevó a cabo otro estudio independiente en el que se compararon temas típicos de conversaciones triviales, como la televisión y el tiempo, con un grupo que discutía temas más profundos y significativos. Cuando se compararon ambos grupos entre sí, los investigadores descubrieron que ambos grupos sobreestimaron lo incómoda que sería su conversación y subestimaron su conexión; El grupo de conversación profunda sobreestimó la incomodidad más que el grupo superficial, pero se sintió más conectado después de las conversaciones que el grupo superficial.

Entonces, ¿qué podemos hacer con los hallazgos de estas investigaciones? En primer lugar, puede que valga la pena recordar que tendemos a exagerar lo incómodas que serán las cosas cuando entablamos una pequeña charla con extraños; muchos pueden suponer que no conocen bien a gente nueva cuando esto puede ser sólo ficción que se dicen a sí mismos. Otro descubrimiento sorprendente puede ser que la sabiduría convencional en torno a las conversaciones triviales no siempre se aplica; ¡Puede haber otra explicación!
Al principio, llegar a personas que no conocemos bien puede parecer intimidante o complicado; en realidad puede ser más fácil y gratificante de lo esperado.

Si la idea de grandes conversaciones te aterroriza, no entres en pánico: no es necesario que expongas tus secretos más íntimos ni rompas ninguna norma social importante; pero si siempre te han molestado los temas superficiales, date permiso para discutir temas que te importen más y da permiso a los demás para hablar. Al ser más auténticos, humanos, vulnerables (lo que nos hace más dignos de confianza y simpáticos), identificables, identificables -sin sentir que necesitamos ocultar quiénes somos realmente o fingir-, "gran charla" no tiene por qué significar ser enormemente deprimentes o dominantes. cualquier conversación; ¡más bien significa ser real!

Ejemplos simples incluirían responder honestamente cuando alguien pregunta "Oye, ¿cómo estás?" cuando esté en un entorno donde esta pregunta se sienta apropiada; tal vez respondiendo con "No lo sé, hombre. Hoy parece uno de esos días en los que todo parece moverse a una velocidad exorbitante sin que se produzca ningún progreso". Imagínese esto: en su peluquería, le dice a su estilista: 'Para ser honesto, siempre he luchado contra la baja autoestima, así que cuando vine hoy para hacerme un corte no estaba seguro; pero cambiaste completamente mi percepción: eres realmente un estilista extraordinario y ¡gracias!" O en una parada de autobús viendo pasar a una madre con dos niños pequeños enérgicos y diciéndole a uno de tus compañeros a tu lado "¿No son los niños simplemente increíbles? Es difícil imaginar que alguno de nosotros fuera tan inocente".

Un momento inesperado de sinceridad puede traer deleite incluso en situaciones mundanas. Si bien puede parecer incómodo al principio, mostrar un interés genuino en el bienestar de los demás debería convertirse en parte de su rutina con el tiempo.

Considérelo como una oportunidad: ¡a menudo sobreestimamos lo arriesgado o incómodo que será algo! - y sorpréndete de lo acogedores que serán los demás cuando te abras con confianza y calma. Según una investigación de Kardas y Epley, las personas tienden a creer que los demás se preocupan menos por ellos de lo que realmente les importan, lo que significa que la mayor barrera para las conexiones genuinas puede ser nuestra suposición de que las personas no valorarán lo que realmente pensamos o sentimos.

Por lo tanto, aquí hay algunos elementos clave que debe tener en cuenta al abordar temas más delicados con personas que no conoce muy bien:

Evite quejarse. Ser auténtico significa alejarse de las pequeñas conversaciones superficiales y, en cambio, ser uno mismo.

La honestidad a menudo significa ser vulnerable ante el lado menos glorioso de la vida, sin quejarse ni insistir en sus aspectos negativos. Entonces, en lugar de decir: "¡Oh, no, soy un fracasado!", diga: "He luchado contra la baja autoestima".

No hagas exigencias a la gente. Compartir está bien, pero trate de no presentar su vulnerabilidad y apertura como algo a lo que otros se sienten obligados a responder de cierta manera. A nadie le gusta encontrarse con alguien que tiene secretos profundos y luego exigirle que los comparta también; De manera similar, si las personas perciben que usted solo está compartiendo algo personal para poner a otros en situaciones con las que nunca estuvieron de acuerdo o para presionar a otros, esto puede parecer intrusivo y ofensivo.

Simplemente diga algo honesto y genuino sin sobrepasar ningún límite, ¡sin dar la impresión de que se requiere o se espera su presencia!

No presione a nadie para que responda de una manera específica o la situación se volverá incómoda.

Nunca te excedas. Un poco puede ser de gran ayuda e introducir un poco de humor puede hacer que la gente se sienta cómoda. Di algo conmovedor antes de ser más alegre después. ¡A veces los momentos más impactantes requieren un toque de alegría para equilibrarlos!

Predecir con lecturas en frío

La lectura en frío es una técnica infame empleada por "psíquicos" y otros charlatanes para dar al público la impresión de que conocen a los demás mejor de lo que realmente los conocen. Esta táctica utiliza observación encubierta, sugerencias, desvíos, preguntas capciosas y conjeturas de alta probabilidad para que parezca que casi puedes leer la mente de los miembros de tu audiencia; por ejemplo, cuando los psíquicos de la televisión dicen: "Estoy viendo a una persona mayor con problemas cardíacos, ¿pueden ayudarme?" o diga cosas como: "¿Creo que alguien murió recientemente? ¿Puedo ayudar?".
"¿Estoy escuchando un nombre con D?" Es casi seguro que habrá alguien en la audiencia que haya experimentado una enfermedad cardíaca en un ser querido mayor, como el abuelo de Paul, quien falleció, por lo que cuando alguien repite esta declaración diciendo que lo perdió debido a un ataque cardíaco; Los psíquicos tienden a pasar rápidamente más allá de esta parte y afirman que pueden ver el reloj de bolsillo de un hombre, incluso cuando antes afirmaban haber visto personas o no se mencionó ningún nombre específico.

Como observa, cada detalle podría convertirse en una oportunidad para una mayor investigación. Presta atención al lenguaje corporal, la apariencia y los gestos: tal vez alguien sigue diciendo "nosotros" en lugar de "yo", lleva un collar con una "M" aunque se llame Ellie o alguien está de pie cuando todos los demás están sentados.

Las lecturas en frío requieren colaboración. Aunque aquellos que están leyendo en frío pueden no sentirse involucrados, ¡en realidad están siguiendo el juego! En las lecturas en frío, se invita a los participantes a hacer sus propias conexiones, aportar ideas y ayudar al lector a hacer conjeturas o descubrir formas de hacerlas realidad, ¡explicando así por qué la lectura en frío a menudo no funciona con personas escépticas!

Una vez en la conversación, puedes probar algunas de tus suposiciones, refinar tus relaciones y brindarle a otra persona una idea que puede parecer casi sobrenatural si se hace bien.

Redirección. Sin embargo, si se hace incorrectamente, no debería ser un problema; ser humano significa que cometerás muchos errores que resultarán equivocados; Cuando esto ocurra, simplemente encoge los hombros rápidamente y aléjate de ellos como si no hubiera sucedido y, en cambio, concéntrate en lo que está obteniendo la respuesta deseada: ¡magia!

Eche un vistazo a este diálogo ordinario en el que se emplearon tácticas de lectura en frío en una primera cita:

R: Sin embargo, antes de continuar, déjame advertirte: soy excepcional leyendo a la gente. B: ¿En serio? R: Sí, tengo un sexto sentido cuando se trata de esto (se queda callado).

B: Está bien... Muéstralo. ¿Cuáles han sido tus primeras impresiones de mí hasta ahora? Aunque solo hemos hablado brevemente, no juzgues demasiado rápido...

R: ¿Estás seguro? Como dije antes, ¡mi precisión puede ser desconcertantemente precisa!

B: No tengas miedo. No habrá nada nuevo que puedas revelar sobre mí que sea desconocido para mí.

R: Déjame empezar. Parece que eres un individuo inteligente que reconoce la verdad tal como es; sin embargo, queda algo dentro de ti que anhela aprobación y elogios.

B: Sí, eso puede ser cierto... No me describiría como alguien que anhela nada...

R: No, anhelo es la palabra equivocada; Lo que quise decir con esta afirmación es que no se necesita la aprobación de las personas, pero sí se aprecian sus pensamientos.

B: ¡Correcto!

Si bien este ejemplo puede parecer artificial, en el que ambas partes parecen participar en un intento de lectura en frío, desde la perspectiva de B, las observaciones de A deben parecerle inesperadas. ¿Cómo lo hizo A?

Así es como funcionó:
Buscó activamente la colaboración. En este caso, él dijo que era bueno leyendo a la gente antes de quedarse en silencio; entonces ella necesitaba incitarlo. De manera similar, puedes indicar a la otra persona o preparar la escena diciendo cosas como: "Puede que me equivoque en esto, pero ¿eres el tipo de persona que...?" Su advertencia también permite posibles errores en ambos extremos.

Una vez que se conocen, la conversación comienza aparentemente de la nada; sin embargo, la Persona A ya había hecho numerosas observaciones antes de esta trascendental reunión. A los pocos minutos de conocerla, la Persona A se da cuenta de que está usando un vocabulario complejo cuando uno más simple sería suficiente y que usa un jersey con gatos pequeños realizando ecuaciones de álgebra; destacando también su intento de vestirse bien para su cita. Él especula que esta persona coloca la inteligencia en el centro de su identidad mientras usa tales medidas para causar una primera impresión impresionante en él y/o en los demás.

Se da cuenta de que ella le pregunta qué piensan de mí en lugar de "¿Qué clase de persona crees que soy?", algo que, combinado con su impresión inicial, crea cierta fricción.
Ella parece ansiosa por agradarle, lo que sugiere que ha invertido en que él la evalúe. Después de considerar cuidadosamente todas estas piezas juntas, hizo sus conjeturas: "Pareces muy inteligente; sin embargo, todavía hay una parte de ti en el fondo que anhela aprobación.

Agrega "ve las cosas tal como son" porque ella había dicho anteriormente "Apuesto a que no podrías decirme nada que no sepa ya sobre mí". Esto implica que ella cree que tiene una gran conciencia de sí misma; sin embargo, al decir en broma "No tengo miedo" y hacer el comentario "Te apuesto", estaba creando un desafío lúdico para él; ¡Quiere que adivine correctamente!

No importa si se equivoca en su estimación de la inteligencia; A todo el mundo le encanta pensar que son inteligentes y la mayoría estaría de acuerdo con su idea de que las personas necesitan la aprobación de los demás. Las declaraciones de Barnum hacen afirmaciones que parecen específicas pero son tan generalizadas que casi todo el mundo estaría de acuerdo con ellas:

"Generalmente eres amable y compasivo; sin embargo, cuando alguien se cruza contigo puedes enojarte mucho" (¡Aquí cubres todos los aspectos simplemente sin decir nada!)

"¡Apuesto a que tu casa tiene un gran cajón lleno de basura!" o, más probablemente, haya tenido problemas con miembros de su familia en el pasado.

"Eres una persona bastante interesante, que piensa diferente a la mayoría. (Esto podría tomarse como un intento de adulación pero, nuevamente, es algo más genérico...)"

Tenga en cuenta las líneas finales del diálogo donde la mujer protesta por su interpretación de ella como "anhelo". En realidad, ella no está de acuerdo con su interpretación de ella, pero B actuó tan rápidamente para corregirse que ella cree que lo hizo bien la primera vez. Aquí, B actúa rápidamente: al ver que no le gustaba lo que implicaba "desear" (necesidad y validación de los demás), B inmediatamente se lo devuelve: "No, anhelar es la palabra equivocada; lo que quiero decir es que no lo haces". No necesitas la aprobación de la gente, pero no la exiges de los demás; lo que quiero decir es que no necesitas la aprobación de la gente, y eso es exactamente lo que quiero decir". Inmediatamente devuélvele eso:
Se lo agradezco. Actúa como si no hubiera cometido ningún error, sino que lo hubieran malinterpretado, y funciona.

Las técnicas de lectura en frío utilizadas por la persona A son efectivas. La lectura en frío combina sus observaciones en una conjetura o hipótesis fundamentada y la arroja para ver qué regresa; las conjeturas de alta probabilidad con bucles abiertos pueden funcionar particularmente bien aquí; presta atención a todo lo que dice la otra persona para que puedas recopilar lo que dice en tu mente antes de compartirlo más tarde, haciendo que la otra persona se sienta vista y comprendida mediante tus técnicas de lectura.

La lectura en frío de las conversaciones depende en gran medida de una escucha atenta, ya que su concentración crea intimidad. Aunque no son psíquicos, los buenos conversadores se comprometen a ser hiperconscientes de todo lo que sucede con otra persona; en nuestra sociedad narcisista, esto incluso podría considerarse psíquico. Recuerde la intimidad y la conexión como sus objetivos, manteniendo las cosas cálidas y divertidas para que la otra persona haga su parte y le permita conocerse mejor. Incluso si su precisión de lectura no alcanza las expectativas, los factores clave de éxito aquí incluyen entretenerlos, hacerlos sentir cómodos y mostrarles lo interesantes que los encuentran: ¡simplemente preste atención y esté atento!

El tiempo lo es todo y, a veces, la clave para tener una conversación increíble es saber cuándo es mejor terminar. ¿Alguna vez te has encontrado atrapado en una conversación desagradable y deseaste desesperadamente que terminara? ¿Ellos también han querido salir?

Adam Mastroianni y sus colegas se propusieron responder esta pregunta en su artículo de Ciencias Psicológicas y Cognitivas de la publicación de 2021: ¿Qué pasa si todas las conversaciones se convierten en trampas porque pensamos que la otra persona quiere que continuemos? Para este estudio, los participantes analizaron 932 conversaciones durante hasta 45 minutos de diálogo fluido antes de que se les preguntara cuándo habían tenido suficiente. Posteriormente se les preguntó cuándo hubiera sido más apropiado terminar.
Nadie podía saber cuándo quería su interlocutor que terminara la conversación, por lo que cada uno tenía que intentar adivinar cuándo debía terminar su conversación.

Los resultados revelaron que las conversaciones a menudo no terminaban cuando ambas partes querían que lo hicieran. Sólo el 2% afirmó que las conversaciones terminaban cuando querían. Casi el 70% quería que fuera más corto y la mayoría quería que se redujera al menos a la mitad. Los investigadores descubrieron este fenómeno.

Las conversaciones rara vez terminaban en el momento deseado para ambos interlocutores, o incluso para uno de ellos, y la discrepancia promedio entre la duración deseada y la real era aproximadamente la mitad. Los conversadores rara vez sabían cuándo querían que terminaran y subestimaban cuán diferentes podían ser esos deseos de los suyos propios. Estos estudios sugieren que poner fin a las conversaciones es un problema de coordinación intratable que los humanos simplemente no pueden superar, ya que requiere compartir información confidencial entre ellos, lo que lleva a que la mayoría de las conversaciones lleguen a un final abrupto sin que nadie lo desee".

Entonces, ¿qué está pasando aquí? Los investigadores teorizan que las personas quedan atrapadas en este tipo de conversaciones debido a nuestra tendencia a ocultar nuestros verdaderos sentimientos, con la esperanza de no ofender a la otra persona al mostrar nuestras verdaderas emociones. Por ejemplo, podemos estar pensando: "Oh Dios, esto debe terminar ahora", mientras en la superficie parecemos educados al decir cosas como: "¿Oh? ¡Qué interesante! Cuéntame más". No es de extrañar que a todos nos cueste predecir cuándo otras personas quieren que dejemos de hablar, ¡ya que con demasiada frecuencia lo ocultamos tan bien!

Los investigadores encontraron que el 64% de las personas hacían conjeturas incorrectas sobre los deseos de otra persona, en ambos sentidos. ¿Cómo debemos responder? La gente tiende a disfrutar de conversaciones más breves. Incluso cuando esté comprometido, dé por sentado que es posible que nunca sepa realmente cómo se siente la otra persona, ya que probablemente no envíe señales de ninguna manera.

Esté seguro finalizando una conversación cuando le parezca apropiado, en lugar de seguir hablando cuando crea que debería terminar. De hecho, terminar temprano puede ayudar a crear un final más fuerte y productivo, ¡dejando a ambas partes ansiosas por discutir más en conversaciones futuras! ¡Y una salida con una nota positiva podría hacer que ambos se sientan ansiosos por seguir dialogando en futuras discusiones!
No digas todo cuando te reúnas con la gente. ¡Deja algunas cosas sin decir, crea algo de tensión y es posible que dejes a alguien libre de culpa!

A la hora de poner fin a una conversación, la calma y la confianza son claves.

Cuanto más firme y relajado estés, más suave irá todo.

Paso 1: espera el momento adecuado. Escuche cualquier momento en el que un hilo de conversación se haya extinguido pero otro aún tenga que acelerarse, o cuando algo interesante aún no haya surgido en la conversación. No interrumpas ni fuerces nada; más bien, espere hasta que la conversación se desvanezca naturalmente por sí sola y finalice cuando llegue el momento de terminarla.

Paso 2: comience con una nota optimista. Asuma un tono optimista haciendo elogios que concluyan y resuman su conversación, como decir cuánto disfrutó hablar o algo nuevo que aprendió de ellos; de lo contrario, terminar incluso una conversación fallida puede parecer un rechazo.

Paso 3: Inventa una excusa. No es necesario que esto sea largo ni complicado; simplemente comunica que hay una razón alternativa por la que estás finalizando el diálogo además de "Ahora estoy cansado de ti". Esto demuestra cortesía y tacto por ambas partes.

Paso 4: desenganche firmemente. Una vez que haya indicado su deseo de terminar la conversación, tome medidas decisivas: esperar sólo puede hacer que las cosas sean incómodas o poner a los demás nerviosos. Realice una acción brusca lejos de esa persona sin dejar de ser amigable, cálido y abierto, recordando simplemente sonreír mientras lo hace.

Digamos que alguien resume una anécdota explicando "¡y así es como terminamos eligiendo ese nombre para nuestra hija!". y usted responde: "Vaya. Aún así, creo que elegiste sabiamente. Rebecca es un nombre elegante". Luego, ustedes dos se quedan ahí asintiendo y sonriendo por un momento hasta que uno o ambos se dan cuenta de que ha llegado el momento de irse; después de lo cual se hace necesario que alguien más hable; retomar rápidamente o desviar la conversación sugiriendo: "Ha sido realmente genial conversar, ¡siempre olvido lo divertidas que son nuestras conversaciones! Pero tal vez podríamos reunirnos más tarde; ¿tal vez en una reunión de la PTA este fin de semana?". Sólo necesitan sonreír y responder con un "¡por supuesto!". y se van antes de que cualquiera de las personas se vaya, ¡no hay problema!

Cerremos nuestro libro donde comenzó: con el concepto de encanto. ¿Qué significa exactamente encanto? Como hemos visto, muchos de nosotros fracasamos en ser encantadores simplemente porque tenemos una comprensión incorrecta de lo que realmente implica ser encantador; por ejemplo, pensar que carisma y encanto significan cosas completamente diferentes.

En el momento justo decimos lo necesario, divertido o ingenioso.

Somos intelectuales e impresionamos a los demás con nuestras brillantes ideas y opiniones.

Nos mostramos seguros, atractivos y carismáticos. Ofrecemos entretenimiento.

Pero cualquier "genio conversacional" no estaría de acuerdo. En lugar de eso, te dirían que lo que hace que alguien sea encantador es su capacidad de escuchar, estar presente y tener una curiosidad juguetona: ¡nada más importa cuando se trata de entablar una conversación! Y aún así puede ser complicado...

No hay necesidad de parecer sabelotodo o ultra cool y confiado: ya hay suficientes personas expresando sus opiniones y expresándolas en todas partes; simplemente mire cualquier sitio de redes sociales, canal de noticias, libro o revista y mire televisión: hay gente en todas partes tratando de ser entretenida, interesante o intrigante... ¡y a quién le importa!

Las personas que tendemos a apreciar más son aquellas con las que sentimos que podemos establecer conexiones genuinas, cálidas y emocionantes. Cualquiera lo puede hacer; todo lo que se necesita son algunos trucos de sentido común, ajustar la mentalidad gradualmente... ¡y practicar!

Escucha activa La escucha activa es una de las habilidades de conversación más sólidas que puede poseer, ya que genera respeto y preocupación por los puntos de vista de los demás y, al mismo tiempo, simplifica el procesamiento de información compleja a través de la escucha pasiva. La escucha activa también agiliza la comunicación al ayudarle a comprender cuáles son las necesidades de cada uno; esto conduce a menos cautela en las respuestas a medida que obtiene una idea de quién necesita qué.

Al mismo tiempo, debemos dejar de lado nuestro ego para poder escuchar y comprender verdaderamente lo que otra persona nos dice. Este proceso de escucha activa involucra múltiples partes de nuestra mente para comprender lo que se nos comunica.
Los terapeutas son excelentes ejemplos de escucha activa. Escuchan atentamente y con un propósito claro cuando escuchan a sus clientes, animándolos a ser abiertos y claros cuando algo que escuchan parece poco claro o incierto.

Los terapeutas emplean técnicas de reformulación y clarificación, y piden a sus pacientes que den más detalles. Su principal objetivo es hacer que los clientes se sientan cómodos mientras se comunican a través de la contemplación, un lenguaje corporal claro y un espíritu empático: ¡estos factores impulsan a los profesionales de la terapia hacia adelante!
Como oyentes profesionales, su objetivo es claro: escuchar a los clientes. ¿Podemos decir lo mismo de nosotros mismos cuando escuchamos a los demás?

La escucha activa implica varias respuestas y consultas específicas que puedes implementar inmediatamente en tus interacciones con los oradores, todas diseñadas para garantizar que sientan que compartes sus emociones y que estás en el mismo plano emocional. De lo contrario, ¿de qué serviría escuchar si lo único que hace es permanecer dentro de su cabeza en lugar de comunicárselo a ellos?

La escucha activa comienza con la comprensión; por lo tanto, el primer paso debe ser comprender lo que otra persona nos dice en su discurso. Si hablan el mismo idioma que nosotros, este proceso debería ser bastante rápido y sin esfuerzo.

También puede haber otros obstáculos: por ejemplo, utilizar jerga o jerga desconocida; diferencias en el estatus generacional o la cultura que no comprendemos completamente; o tener compatibilidad emocional para que puedas conocer sus necesidades y deseos en ese momento. Para ser más efectivo, asegúrese de estar en el mismo plano emocional que el hablante antes de comenzar la conversación.

Si no entendemos lo que alguien dice, una excelente manera de ganar claridad es preguntarle "¿Puedes explicarlo como si tuviera cinco años?". Un niño de cinco años puede mantener conversaciones, pero necesita escenarios más complejos que se le expliquen lentamente utilizando palabras que ya comprenda. Pedirles que describan las cosas como si usted fuera mucho más joven podría ayudar a calmar sus temores de parecer condescendientes o condescendientes.

Otras declaraciones que podría necesitar ayuda para comprender:

"¿Qué pasó?" "Cuentame tu historia." "¿Qué quieres decir?" "Explicate tú mismo." "¿Puedes aclararme esta parte?"

No tenga miedo de parecer ininteligible o interrumpir. A la mayoría de las personas les gusta sentir que saben la respuesta; Todos poseemos expertos de nuestras propias experiencias. De hecho, a veces ser sincero acerca de cualquier malentendido que pueda estar experimentando puede ayudar a fortalecer las relaciones y enseñarnos nuevas lecciones. ¡Incluso podría ser beneficioso si plantea esto como una oportunidad para escuchar con más atención para poder aprender!

Retener. Retener información significa más que simplemente recordar lo que se acaba de decir; más bien, significa escuchar atentamente lo que el hablante intenta comunicar para que podamos responder con eficacia. Aquí está buscando la historia completa más allá de simples hechos o eventos; aquí es clave ponerse lo más cerca posible de sus zapatos haciendo preguntas relevantes.

Mientras escuchamos, nuestras mentes a menudo tienden a retener sólo detalles que resuenan más personalmente o que encajan en la forma en que estamos acostumbrados a recordar información. Pero este enfoque de la escucha puede resultar engañoso a la hora de intentar llegar a ser mejores oyentes.

Ejemplo: si alguien nos cuenta sobre una cita a la que asistieron, es posible que recordemos detalles específicos de ese evento (a qué restaurante o cine fueron; si hubo comida de por medio o no); o podríamos recordar narrativas más generales (qué personalidad tenía el otro; cómo se "sintió", qué tan similar o diferente a fechas anteriores pudo haber sido).

Inconscientemente, podemos seleccionar fragmentos de narrativas que resuenan en nosotros y construir internamente una versión alternativa para nosotros mismos. Es posible que hayas experimentado esto de primera mano; cuando compartes algo con alguien y se aferra a un aspecto que no era parte de tu plan. Sin duda es una forma eficaz de "escuchar sin escuchar".

La conversación a menudo puede volverse unilateral y cada parte intenta encontrar formas de decir lo que piensa y expresar sus opiniones. Si bien esto es natural y esperado, la escucha activa requiere que dejemos de lado nuestros egos y nos concentremos en escuchar lo que la otra persona tiene que decir directamente, sin interpretar sus palabras a través de su lente, sino únicamente de la de ellos.

Las preguntas pueden ser una excelente manera de enmarcar las cosas y mantener la atención en las palabras e ideas de otra persona. Para asegurarse de capturar todos los datos necesarios, intente preguntar:

¿Qué significa eso para ti?".

"Para que quede claro, ¿qué pasó después?" "Espera, ¿cómo abordó eso?" "¿Cómo encaja eso en la historia?" "¿Cómo te hizo sentir eso?" y "¿Cuál fue tu reacción?"

Respondiendo. La escucha activa requiere la participación activa de los oyentes que intentan responder de manera inteligente y adecuada; de lo contrario, los oradores podrían encontrarse hablando en un vacío vacío. Al contrario de lo que algunos puedan creer, ¡escuchar es todo menos pasivo! Una respuesta adecuada muestra nuestra preocupación por lo que nuestro interlocutor está discutiendo.

Suponiendo que esté escuchando, comprendiendo y reteniendo activamente la información que se le presenta; Proporcionar una respuesta adecuada demuestra su comprensión. Imagínese hablar con alguien y no saber si comprende el idioma que usted habla. No muestra indicios de comprensión; ¿te sientes escuchado? Por eso se debe dar una respuesta.

Al igual que con la retención, es crucial que nuestras respuestas no reflejen nuestro propio ego o nuestras ideas; debe evitar responder de manera que sugiera que está tratando de dirigir, manipular o interpretar la conversación de manera que le convenga o impulse una agenda de cualquier tipo. En su lugar, trate de comprender los sentimientos y opiniones de otras personas sin prejuicios que usted mismo desarrolle; Sea objetivo al responder.

Orador A: Sí, por eso no me gusta asistir a cenas.

Encuestado B: ¡Eso suena loco! ¿Te sorprendió o te inquietó cuando el hombre salió del pastel?

Orador A: No tanto abrumado como decepcionado; Esperaba algo más sofisticado de la Liga de la Templanza. Encuestado B: ¿Debe haber puesto a prueba tu paciencia mucho?

Orador A: Mostró algunas mejoras; Sin embargo, es más, me mostró la importancia de poner límites a mi presupuesto de entretenimiento.
Las respuestas en escucha activa deben reflejar lo dicho por el hablante. Deben demostrar un interés profundo en los pensamientos y emociones de su pareja en lugar de ofrecer nuestras propias opiniones o puntos de vista; Las buenas respuestas en la escucha activa ayudan a ambas partes a descubrirse a sí mismas más plenamente.

Responda a los pensamientos y sentimientos de su pareja en lugar de a sus hechos; repetir lo que ha dicho a menudo puede ser suficiente para responder de manera efectiva. Hágalo repitiendo lo dicho usando sus propias palabras. Intente permanecer dentro de su perspectiva al responder; agregar sugerencias o ideas que no tengan relación con sus circunstancias actuales podría resultarles demasiado abrupto o distraído. Por último, intenta no ofrecer opiniones que contradigan o vayan en contra de lo que te dice tu pareja hasta que no hayas comprendido plenamente todo lo que te transmite; incluso entonces, mantenga a raya los juicios fuertes.

Las respuestas positivas de la escucha activa podrían incluir:

"Tu historia me intriga.

"Esa parece ser una situación ______."

"Entiendo tus sentimientos.

"Puedo sentir que sientes que algo necesita cambiar; ¿qué te gustaría que sucediera?"

¿Te sientes bien en esta situación?"

La escucha activa implica tratar de comprender y absorber plenamente el punto de vista o la experiencia de vida de quienes hablan, y aplicar esa información de una manera constructiva que pueda conducir a un mayor conocimiento o comprensión. Quiere mostrarles a los demás que comprende su mundo desde su punto de vista; Para hacer esto, emplee con éxito una o más de estas técnicas:

Repetir o parafrasear los sentimientos de su pareja con sus propias palabras puede ser una excelente manera de mejorar la comprensión. No se limite a repetir lo que le respondieron; demuestre que comprende lo que se está expresando mostrando que comprende su esencia; ¡esto podría servir como una forma de respuesta de apoyo!
Como se mencionó anteriormente, esto demostrará su conciencia y compromiso. Si detectan alguna discrepancia entre lo que dijiste y sus expectativas y tu comprensión, probablemente te corregirán rápida y abiertamente.

Me sentí abrumado e intimidado por esa situación.

Tú: Esa debe haber sido una situación muy aterradora; Debe haber sido difícil saber cuál es la mejor manera de responder.

Reflexión. Una forma novedosa de reformular es basar la respuesta en emociones en lugar de eventos o puntos de la historia. Reflexionar le brinda a su oyente la confianza de que sabe que usted comprende mejor su historia al mostrarle que puede acceder a sus emociones directamente; ¡Pregúnteles directamente qué emoción se agita dentro de ellos!

Mi papá me dijo todo el tiempo que no entraría a esa universidad.

Tú: Eso suena terrible y parece un acto de rechazo. Resumir intencionalmente es otra opción para ayudar a explicar la narrativa de un orador de manera más completa.

Repetir de una forma accesible y concisa que muestre su comprensión de toda la situación puede ser como reformular; sino que debería aspirar a una visión más amplia. Replantear es similar a reformular, pero debería proporcionar una mayor prueba de comprensión, ya que es posible que se hayan mencionado muchos puntos y argumentos mientras que usted podría haber perdido la noción de su emoción, acción o propósito central.

¿Es usted: el panadero confundió su pedido, la cena se quemó y enviaron a un hipnotizador en lugar de un payaso a la fiesta de cumpleaños de su hijo? ¡Ciertamente me sentiría enojado!

Etiquetar emociones. A menudo, cuando hablan con otra persona, los hablantes se atascan en los detalles físicos de lo que están discutiendo con usted. Trate de ser sensible mientras intenta identificar cualquier emoción que aún no haya podido articular. Hacer esto no debería ser difícil; simplemente indique sentimientos positivos o negativos cuando sea necesario; sin embargo, etiquetar con precisión las emociones de alguien lo hará parecer psíquico; solo asegúrese de no exagerar ni inyectar ideas personales en el asunto.

Mi jefe se disculpó profusamente por no haber prestado más atención a mi trabajo, asegurándome que de ahora en adelante le prestaría toda su atención.

Tú: Vaya, eso debe hacerte sentir muy aliviado y empoderado... ¿quizás incluso un poco arrogante?
Sondeo. Para obtener una mayor comprensión y significado de aquellos con quienes habla, haga preguntas capciosas que les permitan obtener niveles más profundos de conocimiento y comprensión. La mayoría de las personas disfrutan respondiendo preguntas bien formuladas y no demasiado presuntuosas cuando investigan a alguien. Al adivinar cómo se sienten las personas, sus reacciones y deseos, o simplemente mantener su línea de pensamiento en movimiento (la previsión muestra su compromiso y al mismo tiempo sigue su línea de pensamiento), la previsión puede demostrar que usted se preocupa profundamente por su bienestar y desea experimentarlo. ¡sus emociones junto a ellos!

¿Cómo fue cuando esa mujer reprendió a tu hijo en el supermercado? ¿Y cómo pensabas responder?

Silencio. A veces el silencio puede decir mucho más elocuentemente que las palabras. El silencio permite a cada participante una pequeña ventana de tiempo para reflexionar y ordenar sus pensamientos y, al mismo tiempo, ayuda a reducir la tensión causada por una interacción intensa o infructuosa.

Ellos: Fue entonces cuando decidí que el paracaidismo no era lo mío, especialmente cuando está relacionado con el trabajo.

Tú mismo:
No predicar, dar consejos no solicitados ni ofrecer garantías innecesarias. Nadie.

A nadie le gusta que lo pongan en segundo lugar, lo que puede hacer que los oradores sientan que necesitan cerrar la discusión.

Ellos: Y lo peor de todo es que no se acuerda de bajar la tapa del inodoro.

Criticarte: en retrospectiva, fue tu error permitirle entrar a tu baño en primer lugar.

Consejo no solicitado: sería prudente que bloquees el baño hasta que acepte tus demandas.

Le aseguro tranquilizadoramente: no se preocupe por eso; El mañana trae oportunidades increíbles.

Cuestionamiento dirigido y abierto Para demostrar su preocupación por el bienestar de su pareja, plantee preguntas no binarias sobre su experiencia. Al hacer esto, demuestra que está ansioso por recibir comentarios y, al mismo tiempo, permanece más que simplemente orientado a los hechos con respecto a las situaciones en cuestión.

Después de gastar cientos en multas y tarifas de estacionamiento, me di cuenta de que el estacionamiento paralelo necesitaría más trabajo de nuestra parte.

¿Cómo le afecta eso? ¿Cómo se ven afectados sus sentimientos? ¿Qué planes tiene para aprender, dónde planea hacerlo y qué resultados espera al hacerlo?

La escucha activa requiere mucha dedicación y práctica, ¡incluso para las personas que se consideran expertas en ello! Pero sus recompensas pueden ser profundas: una verdadera comprensión, un flujo de información más fácil y un mayor respeto son sólo algunos de los beneficios que se obtienen al practicarlo con regularidad. Con la escucha activa intentamos desarrollar el hábito de tomar conciencia de las emociones de otras personas mientras reprimimos las nuestras.

Repartir

Todos conocemos a esos molestos sabelotodos; esos individuos "técnicamente correctos" que se jactan o presumen. Pero la buena química conversacional no depende únicamente de hechos impresionantes; más bien se forma entre personas basándose en la experiencia emocional y no únicamente en el contenido que se intercambia.

La revelación personal puede ayudar a agradarle más a la gente. La autorrevelación se refiere a revelar información sobre uno mismo que aumenta el interés y la inversión emocional de los demás en usted, lo que hace que las personas sean más cercanas y abiertas a compartirse como resultado. La autorrevelación funciona porque te hace aparecer como un ser humano tridimensional con el que los demás pueden identificarse y sentirse cómodos con él; cuando otros también se revelan, que es como comienzan las verdaderas conexiones.

¿Experimentaste esto antes? Tal vez. Tal vez su relación fue casual en el mejor de los casos, pero de repente tomó una espiral ascendente cuando una o ambas partes tomaron medidas para revelarse emocionalmente y abrirse más; sin embargo, esto generalmente no sucede de inmediato; Entonces, como en el primer principio de los negocios, alguien necesita iniciar este cambio dando el primer paso e iniciando el cambio él mismo.
Al compartir información sobre usted para alentar a otra persona a revelarse más libremente, puede aumentar sus probabilidades de hacerlo ellos mismos.

Desafortunadamente, una vez más te enfrentas a la responsabilidad de crear simpatía entre tus compañeros.

Comparte más
Ahora es el momento en el que puede resultar complicado decidir qué información revelar sobre uno mismo, desde demasiada información (TMI) que podría alienar a las personas hasta piezas beneficiosas y privadas que aumentan la simpatía (por ejemplo, mantener algunas cosas ocultas). Las personas tienden a pecar de parecer misteriosas y seguras (recordemos "chico genial") cuando se trata de compartir más.

Por sorprendente que parezca, en general, cuanto más reveles, mejor será tu simpatía. TMI (demasiada información) en realidad puede aumentar la simpatía porque así es como se conectan los amigos; compartir demasiado sin vergüenza ni inhibiciones se considera en realidad un signo de cercanía, confianza y familiaridad entre dos personas; de hecho, un viejo consejo sugiere actuar como si alguien ya fuera tu amigo para forjar nuevas relaciones; de esta manera dejamos de ser cautelosos y autocensurados y nos acercamos a ser nosotros mismos mientras revelamos nuestro verdadero yo y ocultamos esos defectos.

Entonces, incluso si sientes que estás entrando en territorio TMI, eso es mejor que no revelar nada en absoluto, siempre y cuando la gente te recuerde como genuino, inusual y digno de mención; en otras palabras, ¡un ser humano es mejor que perfecto!

Socializar puede resultar intimidante. Siempre existe el miedo, real o percibido, de ser juzgado y desaprobado. Es posible que, sin darnos cuenta, levantemos muros a nuestro alrededor en respuesta a esta ansiedad; no querer parecer demasiado emocional o débil; sin embargo, compartir poco te presenta como tímido en lugar de confiado, dejando una versión aburrida de ti mismo que la gente olvida fácilmente, algo que muchos encuentran desagradable en aquellas personas cuya personalidad sigue siendo demasiado genérica y suave a pesar de las apariencias iniciales; ¿Quizás detectan que toda tu personalidad no ha surgido del todo?
Comparte lo que tienes en mente. TMI (información fina sobre tejidos) puede incluir encuentros sexuales y/u opiniones que la sociedad en general considera controvertidas; Si bien una conversación educada no permite estos temas, las amistades cercanas a menudo rompen esta regla y, por lo tanto, compartir demasiada información que normalmente no compartirías puede dar más influencia y generar simpatía entre las personas. Una vez que alguien esté de acuerdo con su punto de vista y parezca dispuesto a hacerse amigo suyo, podrá abrir las compuertas, por así decirlo.

Tan pronto como le revelas más de ti a otro, se generan más puntos de conexión entre tú y ellos. Revelar cosas que te gustan o no te gustan permite que otros se relacionen y puede crear oportunidades para formar conexiones que se basen en las similitudes o diferencias de cada uno. Tan pronto como reveles preferencias, opiniones, amores, odios, gustos, disgustos, sensibilidades, recuerdos, emociones, pensamientos, anécdotas, etc., si parece demasiado, entonces ríete de ti mismo burlándote de ti mismo o revelando un secreto vergonzoso o compartiendo un secreto escandaloso pero generalmente opinión o recuerdo inofensivo... si te diriges a alguien, ¡siempre debes ser tú mismo de esa manera!

Imagínese en una fiesta conociendo a gente que no conoce muy bien por primera vez; Por lo general, esto puede resultar desalentador y provocar sentimientos de incomodidad y rechazo por parte de estos extraños. Sin embargo, al utilizar los consejos de este libro, puedes utilizar historias sobre pesca, anime y tejido (pasatiempos aparentemente no relacionados) como temas de conversación para compartir más sobre ti mismo, tus intereses, reacciones ante situaciones y tu personalidad en general.

Todos los presentes en la sala a quienes les guste una de esas tres cosas (o que simplemente puedan entender su perspectiva sobre un evento) ahora pueden conectarse con usted, iniciando una conversación sobre esos puntos en común. Todo lo que hizo falta fue proporcionar más detalles o contar una narrativa personal: ¡no hay necesidad de correr el riesgo de divulgar información confidencial!
Imagínese esto: proporcione tres detalles u oraciones en las que normalmente respondería con solo uno, para aumentar la autorrevelación. Incluso si tu fin de semana fue aburrido, menciona tres detalles para que la gente tenga algo con qué trabajar si es necesario. Aunque esto puede parecer extraño al principio, podría ayudar a mostrar lo poco que revelas de ti mismo a otras personas.

Compartiendo tus emociones. Las emociones son poderosas porque son universales. Todos en todo el mundo, desde los estadounidenses hasta los aborígenes australianos y los habitantes de la selva africana, comparten emociones, reacciones y expresiones faciales similares: ¡estudios científicos incluso han confirmado este hecho! Todas las culturas del mundo pueden reconocer lo que significan las sonrisas y el ceño fruncido en otras culturas, una prueba más de que todos los humanos sienten y expresan emociones de manera similar.

Por lo que expresar y dar a conocer tus emociones a los demás es una forma segura de crear vínculos entre las personas. A través de la expresión, desbloqueamos canales de comunicación primarios, universales y no verbales; volvernos más humanos y identificables al compartir nuestros sentimientos; otros se sienten más cómodos expresando los suyos y estando de acuerdo o en desacuerdo con los suyos una vez que usted se atreve a ser abierto sobre los suyos. Compartir con libertad y confianza comunica que está bien que ellos también se expresen libremente con nosotros, como hablar sobre lo felices o tristes que algo nos hace a todos. ¡Esto inicia conversaciones que conducen a diálogos más profundos que antes!

Aprovechar las emociones que otras personas tienden a no compartir puede ser especialmente eficaz para crear conexiones sólidas con ellas. Por ejemplo, compartir lo contento que uno está por la felicidad de los recién casados probablemente generará respuestas positivas, pero tal vez la gente reaccionaría mejor si compartiera una historia divertida pero vergonzosa de algo inesperado que sucedió en su vida. Todos usamos máscaras sociales; Al mostrar algunas emociones que muestran a las personas al ser humano real detrás de esas máscaras, lograrás conexiones mucho más profundas.

Comparta historias personales. Hacer esto te ayudará a parecer más real y tridimensional; aunque a veces podamos sentirnos diferentes.
Todos los días enfrentamos circunstancias y luchas similares. Desde cepillarse los dientes y odiar despertarse, hasta trabajar o algún tipo de proyecto. Lo más probable es que tengas alguna parte de la historia de tu vida con la que la gente pueda identificarse; esto les ayuda a sentirse más cerca de usted y a reírse de cómo ellos también pasaron por pruebas similares; ¡Muchas veces esto los lleva a su propio viaje de compartir historias inspiradas en las suyas!

Simplemente hablar más y compartir cosas que normalmente no compartirías es clave para volverte más auténtico y espontáneo con los demás, creando más conversaciones de la nada. Pensar en voz alta también ayuda: ¡simplemente hacer más ruido puede aumentar la cantidad de ideas que fluyen de tu cerebro al mismo tiempo!

Puede ser desalentador: probablemente te hayan enseñado desde la niñez a ser reservado y privado, pero ahora te encuentras yendo en contra de años de enseñanzas al compartir más sobre ti mismo de lo que te resulta cómodo. Pueden surgir preocupaciones de que otros puedan encontrar su historia demasiado personal, así como preguntarse si a alguien le importa cuál pueda ser su opinión o su historia extraña; pero en realidad las personas responden muy positivamente cuando otros se abren más, ya que esto les invita a una mayor autenticidad y relajación entre sus pares; ¡Tendrá más éxito en captar su atención, crear vínculos y divertirse, todo simplemente compartiendo más de usted mismo!

Sin embargo, debes tener cuidado de no eclipsar el flujo de la conversación poniendo todo el énfasis en ti mismo. Se siguen aplicando todas las reglas estándar: escuchar, hacer preguntas y compartir en lugar de aprovechar cada oportunidad para hablar en público. Sólo entonces no es apropiado compartir más, p. ¡Interrumpir la historia de otra persona para que puedas compartir más! Sin juzgar
Si aún estás indeciso sobre divulgar más datos personales en situaciones sociales, aquí tienes algunos estudios que avalan sus beneficios.

Hilton y Fein emprendieron una investigación en 1989 para comprender qué causa que las personas emitan juicios, suposiciones y evaluaciones estereotipadas sobre los demás. ¿Por qué algunas personas se apresuraron a sacar conclusiones precipitadas sin una investigación suficiente de los hechos o las razones?

Los investigadores descubrieron que cuando las personas carecían de información sobre un tema o una persona, sus cerebros comenzaban a llenar los espacios en blanco con estereotipos estereotipados de representaciones generales. Si describo a alguien como perteneciente a un club de campo, conduciendo un coche caro, jugando tenis y amando el lacrosse, es probable que te formes una imagen en tu cabeza de alguien así; casi como si proyectáramos en los demás nuestros prejuicios y suposiciones: ¡cuanto más vaga se vuelve la imagen, más espacio queda para la interpretación personal!

La investigación de Hilton y Fein reveló que simplemente dar detalles aleatorios sobre un individuo podría reducir los estereotipos, aumentando la confianza entre las personas, ayudando así a convertir a los individuos de representaciones estereotipadas de grupos en individuos únicos; cuando existe información limitada tendemos a asumir que todos coinciden perfectamente con lo que se describe como sus representaciones estereotipadas.

Una vez que obtenemos más información sobre alguien en algún aspecto, nos damos cuenta de que no podemos definirlo solo por uno o dos rasgos, y así dejamos de estereotipar y juzgar. Puedes agradar más a la gente, estereotiparte menos e invertir más emocionalmente proporcionando detalles aparentemente intrascendentes sobre tu vida, como decir que te gusta el anime, tejer y pescar; proporcionar tales detalles puede contribuir en gran medida a anular las suposiciones que la gente había hecho sobre los fanáticos del anime que pueden tener suposiciones desfavorables; Esto podría ayudar a que la gente se dé cuenta: "¡Oh, no hay estereotipos; aquí yace una persona compleja!". La gente suele ver a TMI como un paso en falso social incómodo; sin embargo, en realidad puede hacerte más simpático y digno de confianza. Considere a quién prefiere como conocido (alguien que esté sereno, con grandes logros y en sintonía emocional) vs. ¿Alguien a quien le parezca bien compartir defectos personales y al mismo tiempo tener la confianza suficiente para expresar sus opiniones sin disculparse? ¡Por supuesto, sería preferible que esta información sobre usted fuera positiva en lugar de neutral!

Al compartir información aparentemente trivial sobre usted, ayuda a los demás a sentir que lo conocen y a dejar de hacer suposiciones sobre quién es usted. Las personas se vuelven menos desconfiadas y están más dispuestas a conceder el beneficio de la duda cuando tratan contigo; en otras palabras, ¡te conviertes en una amenaza menos y más en un conocido! Brindando a más y más personas información sobre sí mismas a medida que comienzan a confiar más plenamente en usted, ¡convirtiéndolo así en un amigo más!

No importa si los detalles que comparte se relacionan directamente con su identidad, carrera, naturaleza no amenazante o vida; Incluso los detalles aparentemente irrelevantes, como la preferencia de marca de gafas y las preferencias de color, podrían resultar invaluables para disipar los estereotipos y las suposiciones de los demás sobre usted. Al tener más detalles disponibles sobre usted, será menos fácil que las personas lo juzguen y estereotipen debido a la falta de suposiciones y estereotipos que se hacen sobre ellos.

¿Qué pasaría si, por ejemplo, supiéramos que alguien que juega tenis y pertenece a un club de campo salió de la pobreza cuando era niño antes de asistir a la universidad con una beca de tenis, conducir un vehículo viejo y preferir los burritos como comida? ¿Alteraría eso nuestra visión de ellos? Definitivamente. En lugar de estereotipar y generalizar más suposiciones sobre ellos, como se hacía antes con menos información que ahora poseemos sobre ellos, nuestra comprensión ahora superará cualquier estereotipo o generalización en la que encajen y, en cierto sentido, esto debería hacer que encajarlos en cualquier categoría sea imposible o que la generalización sea imposible. - ¡La gente te juzga por lo que no ve y viceversa!

Las personas se convierten en personajes tridimensionales tan pronto como disponemos de más información; Ya no son biografías planas de personajes de películas, sino parte de una narrativa intrigante que es convincente y apasionante. Nuestra comprensión se hace más profunda y, finalmente, llegamos a comprender que los humanos son amalgamas complejas incapaces de encajar claramente en ningún estereotipo o caja; en realidad, no ha hecho nada particularmente notable ni ha proporcionado datos o ideas pertinentes o necesarios.

Compartir demasiado para aumentar la simpatía ayuda a las personas a sentir que conocen diferentes lados de usted, y una manera fácil de hacerlo es compartiendo información no solicitada. Cuando alguien te pregunte sobre tu fin de semana, no digas "Bien, ¿cómo estuvo el tuyo?". respuesta: proporcione de tres a cuatro detalles distintos al responder preguntas fáciles y así cree el hábito de dar más detalles, haciendo que la conversación fluya mejor en todos los sentidos. He aquí un ejemplo de cómo no se comparte nada, se intercambia información limitada y en su lugar se producen juicios y estereotipos.

¿De dónde eres?

Tu mente automáticamente va a cualesquiera que sean tus estereotipos sobre Oklahoma cuando te encuentras con alguien de ese estado. Sin saber nada más sobre ellos, o su experiencia allí, lo único que queda para emitir un juicio sobre ese individuo es un rasgo que lo define: su origen en Oklahoma.

A continuación se muestra un ejemplo de por qué puede resultar ventajoso proporcionar información no solicitada.

¿De dónde eres?

Aunque nací en Oklahoma, mis padres son oriundos de Francia, por lo que pasé gran parte de mi infancia visitando Francia con frecuencia. Además, ¡tengo ocho perros!

Ahora intenta poner a esta persona en una caja. Puede que siga siendo la misma persona, pero debido a tanta información disponible sobre ella puede resultar casi imposible. Al saber más sobre ellos, se vuelven más identificables e interesantes. E incluso podrías sentir curiosidad al preguntarte por qué ocho perros.

Compartir información no solicitada hace que sea mucho más sencillo para otros conectarse con usted. Cuando proporcionas detalles de tu vida, pueden encontrar fácilmente puntos en común y formar relaciones. Al compartir detalles íntimos o personales sobre usted con los demás, también comienza a generar confianza y al mismo tiempo muestra vulnerabilidad.
A medida que hay más contenido disponible, surgen más oportunidades para que las personas encuentren conexiones y formen relaciones significativas.

Arthur Aron descubrió en 1997 que compartir iba más allá de simplemente disminuir las opiniones críticas sobre los demás; también creó cercanía emocional e inversión entre los involucrados. De hecho, se creía que compartir detalles más íntimos o profundos era mejor recibido.

Dividió a los participantes en dos grupos. Un grupo se hizo entre sí 36 preguntas personales e íntimas como "¿Cuál es tu recuerdo más horrible?" y "¿Cuál es tu recuerdo más preciado?" descubrir vulnerabilidades e inseguridades; por el contrario, al segundo grupo se le ordenó únicamente entablar pequeñas conversaciones superficiales sobre asuntos cotidianos.

Por lo general, a las personas no les gusta correr riesgos, sin embargo, los participantes de este estudio estaban dispuestos a seguir instrucciones y hacer precisamente eso. La mayoría de nosotros tememos ofender a los demás o mostrar demasiado de nosotros mismos, lo que puede dar miedo. Sin embargo, aquellos encargados de hacerse preguntas personales delicadas o intrusivas desarrollaron mayores niveles de confianza, simpatía y comodidad mutua entre ellos; aunque no se conocían antes de este estudio de investigación; A continuación se muestran algunos ejemplos de preguntas formuladas:

1. ¿Quieres ser famoso y por qué motivo?

Los verdaderos valores de un individuo o aquello en lo que se percibe como hábil puede darnos una idea de sus deseos y fantasías más profundos.

2. Si pudieras vivir hasta los noventa años y salvar la mente o el cuerpo de una persona común y corriente de treinta años, ¿qué haría falta para tomar esa decisión?

A medida que aprenda más sobre cada individuo, comprenderá sus valores, tanto físicos como mentales. Además, esto le permitirá saber si son honestos o deshonestos.

3. ¿Qué cambiarías de cómo te criaron?

Obtener información sobre el pasado y la historia de una persona. Descubra sus arrepentimientos y si su infancia fue feliz. ¡Descubrir algunos secretos profundamente personales podría ser fascinante!

4. ¿Qué cualidad te gustaría tener cuando te levantes mañana?
Al hacerle esta pregunta a alguien, puede obtener una idea de sus aspiraciones y valores en la vida. Pueden responder con la cualidad o atributo más importante para ellos o con un aspecto que sienten que les falta en sí mismos.

5. ¿Has querido hacer algo pero no has sacado tiempo? ¿Por qué no has tomado medidas para hacerlo todavía?

Todas las personas tienen sueños y arrepentimientos; Al hacerle esta pregunta a alguien, podrá descubrir sus arrepentimientos y sus arrepentimientos por no haber alcanzado esos objetivos más temprano que tarde. Al ser proactivo al hacer esto usted mismo, hacer esta pregunta hace que la persona a la que le pregunta sea más agradable porque la está empujando a vivir su sueño en lugar de esperar hasta más tarde para hacerlo ellos mismos.

El otro grupo, sin embargo, no logró establecer tales niveles de confianza e intimidad; esencialmente permanecieron en sus niveles iniciales de cercanía emocional. Aron demostró que cuando compartes información con otros, les agradas más y se sienten más cercanos. Compartir conocimientos no representa un pequeño paso hacia la construcción de relaciones más sólidas, sino una oportunidad increíble para pasar de ser simples extraños a personas cercanas. La pequeña charla es mucho más que una simple charla trivial; representa un paso enorme hacia el desarrollo de amistades significativas.

Según un estudio de Theodore Newcomb, a las personas les suelen gustar las personas que son similares a ellas, un efecto conocido como atracción por similitudes. Newcomb midió las opiniones de sus sujetos sobre temas como la sexualidad y la política antes de colocarlos juntos para vivir en una casa; aquellos que compartían puntos de vista similares generalmente terminaban siendo más amigables al final de su experimento que aquellos con perspectivas divergentes.

Además, investigadores de la Universidad de Virginia y la Universidad de Washington en St. Louis descubrieron que los reclutas de la Fuerza Aérea tendían a llevarse mejor con los reclutas de la Fuerza Aérea que compartían rasgos de personalidad más negativos que positivos. No tiene que ser exactamente así (no es necesario que estés de acuerdo), pero al compartir más sobre ti puedes descubrir similitudes que ayudarán a otras personas como tú más rápidamente.
Incluso si finalmente no encuentra nada en común con alguien, los demás apreciarán su comportamiento honesto, directo y seguro. A la gente le encanta criticar a ciertos personajes o celebridades. ¿Quizás conoces alguno? ¡Eso no los hace menos simpáticos!
Las personas genuinas son generalmente más simpáticas y atractivas, ¡incluso si no estás de acuerdo con su punto de vista!

Considere lo primero que le vino a la mente cuando conoció a alguien nuevo en un evento o fiesta de networking: la búsqueda de similitudes. Estos podrían incluir; ¿De dónde eres? ¿A quién conoces aquí? ¿Fue un buen fin de semana para ti? ¿A qué escuela asististe? ¿Esta persona volverá a casa cuando terminen sus vacaciones? Si bien estas podrían haber sido algunas de las preguntas más comunes en este tipo de reuniones; ciertamente hubo otros.

¿Cuáles son sus planes (WGAP)?

Aunque estas preguntas pueden parecer preguntas estándar de conversaciones triviales, muchas veces las hacemos sin saberlo, no porque ayuden a romper el hielo sino, como probablemente haya experimentado, tienden a aburrir a las personas de inmediato y pueden provocar silencios incómodos entre preguntas.

Como seres humanos, tendemos a hacer estas preguntas sin pensar. Nuestro subconsciente quiere que encontremos puntos en común; ese "¡yo también!" momento que desencadena un diálogo más profundo. Entonces, cuando preguntamos "¿Dónde fuiste a la escuela?", por ejemplo, nuestro objetivo es que asistan a nuestra universidad o a una con amigos en común que pueda llevarnos a un mayor diálogo y una discusión más profunda. Cuando preguntamos "¿Dónde fuiste a la escuela?", por ejemplo, nuestra esperanza sería que asistieron a una institución con la que compartimos lazos de amistad o a la que asistimos. Al preguntar "¡Oh! Qué mundo tan pequeño... ¿Conoces a James Taylor, quien también estuvo allí en tu época?" A menudo, la pregunta de seguimiento es algo como esto: "¡Oh! ¡Qué mundo tan pequeño! ¿Conoces a James Taylor, quien también asistió a la universidad en tu época?".

Aunque quizás no te des cuenta, estás constantemente buscando similitudes que establezcan amistad y generen consuelo entre las personas. Compartir ese sentimiento puede mejorar instantáneamente la relación.

Si bien nos gustaría pensar que tenemos una mente abierta y que podemos llevarnos bien con personas de diversos orígenes y orígenes, la realidad es que tendemos a formar vínculos más profundos con aquellos que encontramos similares; de hecho, ¡los buscamos!

Por eso existen barrios como Little Italy, Chinatown y Koreatown.

Pero no me refiero sólo a términos de raza, color de piel, religión u orientación sexual; me refiero a personas que comparten nuestros valores, nuestra visión del mundo y nuestro punto de vista sobre las cosas tanto como nosotros; el término pájaros del mismo plumaje tiende a aplicarse aquí: este comportamiento se debe a cómo evolucionó nuestra especie: al caminar por la tundra o los bosques, probablemente habría animales tratando de matarte e instintivamente evitarías personas desconocidas o extrañas y cosas que parecían extrañas a las que probablemente te enfrentarías. ¡Peligro por estas amenazas!

Las similitudes nos ayudan a formar conexiones más fuertes con las personas porque parecen comprendernos más íntimamente que otros individuos. Compartir incluso una similitud significativa nos lleva a verlos como nuestros contemporáneos o una extensión de nosotros mismos: simplifica el proceso de conexión y usted desea permanecer cerca, ya que esta persona comprende sus experiencias mejor que la mayoría.

Imagínate que naciste en un pueblo rural de Sudáfrica que tiene entre 970 y 1 000 habitantes y que ahora vives en Londres, donde asistes a una fiesta organizada por uno de tus amigos, sólo ocho años mayor y, sin embargo, nunca se habían conocido. antes de ahora.

¿Qué primeras impresiones te formarás hacia esa otra persona y sus características? ¿Habrá sentimientos cálidos entre ustedes inmediatamente, se harán suposiciones sobre ellos y planes futuros de conexión? ¿Puedes hablar con nadie sobre chistes internos o puntos de interés que nunca antes hayan surgido?

Con suerte, esta ilustración subraya la importancia de la similitud y su capacidad para formar puentes conversacionales.

A primera vista, las preguntas triviales pueden parecer una forma eficiente y eficaz de descubrir similitudes entre personas, pero puede haber métodos mejores. Una de esas formas sería buscar activamente similitudes o crearlas; Ambos requieren esfuerzo e iniciativa de nuestra parte.

Buscar similitudes significa hacer preguntas indagatorias a las personas y utilizar sus respuestas como base para demostrar similitudes, por mínimas que sean.
Empieza pequeño. Haga preguntas para saber qué le gusta, qué no le gusta a la gente y cómo piensa; luego busca dentro de ti mismo para identificar pequeños puntos en común, como equipos de béisbol favoritos o bebidas alcohólicas, que puedan llevar a conexiones más profundas, ¡ya sean equipos de béisbol o bebidas! Con el tiempo descubrirás qué motiva a las personas y encontrarás personas más profundas con las que te vincularás instantáneamente; ¡Así como sería genial conocer a alguien de esa pequeña ciudad sudafricana o compartir tu interés por un pasatiempo desconocido!

Construir relaciones ya no requiere años o meses, ni una circunstancia especial como un campamento de entrenamiento juntos; más bien, todo lo que requiere es mirar fuera de usted mismo y darse cuenta de que las personas comparten actitudes, experiencias y emociones similares: ¡solo tiene que descubrirlas! Siéntase cómodo haciendo preguntas e investigando más profundamente de lo que es natural para usted (¿es extraño para usted hacer cinco preguntas consecutivas? No debería serlo). Aunque al principio pueda parecer intrusivo, ¡encuéntralos y úsalos!

El reflejo es un método para crear similitudes copiando el lenguaje corporal, el tono de voz, el ritmo del habla y la apariencia de las personas para producir sentimientos de positividad (Anderson 1998). Simplemente organícese para parecerse a los demás y experimentar sentimientos de similitud, ¡desde cómo posan hasta los gestos que hacen!

Refleje sus palabras, tono de voz y gestos como un intento de demostrar que comparte valores similares que podrían ayudar a fomentar conexiones íntimas. Recuerde que reflejar no se trata simplemente de copiar a otros al por mayor; más bien debería mostrarles que te preocupas lo suficiente como para replicarte en algún nivel.

Su trabajo como espejo debe ser replicar señales físicas, gestos, tics y gestos que alguien exhibe cuando habla; por ejemplo, si usa muchos gestos al hablar, debe reflejar este comportamiento usted mismo y viceversa; De manera similar, si su lenguaje corporal implica inclinarse hacia adelante o cruzar los brazos repetidamente, usted también debe copiarlo.

Repita sus expresiones verbales y expresividad (tono de voz, inflexión, elección de palabras, uso de jerga/vocabulario, entonación/emoción emocional y nivel de energía) para identificar más fácilmente las similitudes. Al compartir datos personales, es más probable que los descubra rápidamente.

Declaración 1: ¿Has estado esquiando recientemente?

Segunda declaración: Fuiste a esquiar el mes pasado con tus dos hermanos y casi te rompes el pie durante tu excursión de esquí.

¿Con qué historia es más fácil identificarse y encontrar puntos en común? Naturalmente, la segunda versión ya que contiene tres veces más información. Si tiene dificultades para conectarse con los demás, es muy probable que esté buscando similitudes sin compartir nada usted mismo.

Si compartir incluso los pequeños detalles le resulta incómodo y forzado, eso podría ser un indicador de que sus interlocutores no tienen mucho material con el que trabajar cuando le respondan. Cuando los demás esperan un intercambio activo de ida y vuelta, pero en cambio se convierten en los que hablan todo mientras usted se sienta en un silencio incómodo y se pregunta por qué nadie parece interesado.

Como suele ocurrir, acostumbrarse a sentirse incómodo sólo servirá para fortalecerse y mejorar en el futuro.

El disgusto mutuo puede ser tan satisfactorio e incluso más placentero que las similitudes compartidas. ¿Ha notado que a veces es inevitable que las conversaciones positivas se conviertan en negativas y que las quejas entre cada parte se conviertan en tema de discusión?

Las conversaciones centradas en la negatividad pueden parecer innecesarias para su búsqueda de conexión; sin embargo, deben considerarse necesarios debido a que la negatividad es un sentimiento tan intenso.

Considere qué tipo de reseñas podría leer al visitar un nuevo restaurante: puede encontrar críticas positivas y efusivas o, más probablemente, críticas llenas de enojo y hostilidad que lo impulsarán a actuar como cliente del restaurante. ¡El odio puede motivarnos como ninguna otra cosa!

Algunos consejeros de relaciones han llegado incluso a sugerir que una señal de relaciones muy exitosas es que no les gusten cosas y personas similares.

La negatividad nunca debe verse como algo negativo; es simplemente otra emoción y cuanto más puedas crear en las interacciones, mayor será su impacto.

Lo que importa en última instancia es volver a estar juntos. Piense en todas las amistades forjadas en los campos de entrenamiento del ejército donde el sufrimiento era compartido entre todos; o profesores o horarios matutinos que te desagradan con vehemencia; Este tipo de vínculos han creado muchos vínculos duraderos; sería prudente no romper ese ciclo con demasiada facilidad.

Capítulo uno: Prevenir malas interacciones.

- Muchas personas luchan por ser encantadoras en las conversaciones debido a que no entienden el concepto de encanto; sin embargo, cualquiera puede desarrollar carisma con habilidades practicadas.

- La duplicación es una forma eficaz de establecer una buena relación. El reflejo puede ocurrir verbal, no verbal o emocionalmente y es utilizado por muchas culturas en todo el mundo para expresar comprensión y establecer una buena relación. La "regla de tres" de Albrecht proporciona orientación para tener conversaciones equilibradas en las que se escuche correctamente; esto significa hacer uso de declaraciones declarativas (hechos u opiniones expresadas como hechos), preguntas o calificativos ("suavizantes"). Para mantener el equilibrio entre cada declaración declarativa, debe haber preguntas o suavizadores intercalados. Usar la "regla de tres" de Albrecht puede ayudar a equilibrar las conversaciones - use preguntas o suavizadores si es necesario para mantener el equilibrio - ¡no exceda más de tres declaraciones declarativas dentro de tres declaraciones consecutivas antes de usar preguntas o suavizadores si es necesario!

- De manera similar, el método Anchor Reveal Encourage (ARE) puede ayudarlo a entablar una pequeña charla fácilmente. Primero identifique una experiencia compartida entre ambos; revelar algo personal relacionado con este ancla; luego, anime a ambas partes a contribuir libremente incentivando también su participación.

- Recuerde el acrónimo FORM cuando hable sobre temas triviales: familia, ocupación, recreación (pasatiempos e intereses) y motivación (metas).

- Evite respuestas largas teniendo en cuenta la regla del semáforo de 1 minuto. Después de que hayan transcurrido 30 segundos, considere ese tiempo como su luz verde para hablar, y tome la naranja como una oportunidad para hacer la transición y hablar libremente durante otros 30 segundos aproximadamente.

- Un minuto se considera la duración óptima para la mayoría de las presentaciones; más allá de este período de tiempo puede llevar a oyentes desinteresados, y una explicación demasiado larga podría hacer que se desconecten por completo. ¡Recuerde ser breve!

Capítulo 2. Conexión debajo de la superficie

- El encanto conversacional implica conectarse auténticamente con los demás. Primero, aléjese del pensamiento egocéntrico suspendiendo el juicio y dejando de lado las discusiones sobre acuerdos o desacuerdos. Esté atento durante cada sesión de diálogo mientras escucha activamente, ¡sin importar quién sea el tema! - ¡Y evita la tentación de conectar todo lo que dicen directamente contigo mismo!

- Continúe gradualmente a través de las tres etapas de la relación haciendo revelaciones apropiadas que indiquen confianza y voluntad de conectarse. Una revelación ligera podría incluir compartir una historia vergonzosa. La revelación media implica discutir creencias y emociones más profundas. Y una gran divulgación implica compartir vulnerabilidades personales. No permanezca completamente abierto; Selecciona a quién le revelas tus secretos también.

- Utilice historias de conexión para compartir quién es usted con los demás; En lugar de contar hechos aburridos, comparte anécdotas que realmente transmitan quién eres como persona.

- Ser carismático significa demostrar que estás prestando atención etiquetando la experiencia o las emociones de otra persona, usando frases como "parece" y "suena como" para parafrasear y mostrar tu comprensión empática.

- Por último, ¡no seas aburrido! Las características aburridas incluyen aquellas que disminuyen la diversión. En las conversaciones, sea informal y relajado sin esforzarse demasiado en parecer inteligente o parecer inteligente.

Capítulo 3. Cuidado con lo que dices...

- Tu voz es un comunicador no verbal eficaz. Sea consciente de su tono, volumen, articulación y ritmo para asegurarse de que logre el efecto que desea. Practique para asegurarse de obtener los efectos deseados.

- El neurocientífico Antonio Damasio descubrió que las personas toman decisiones basándose más en las emociones que en la lógica; esto puede explicar su comportamiento.

- Cuando se busca formar conexiones significativas con los demás, lo que importa es saber con quién hablar.

- Cree conversaciones que se sientan ricas, plenas y "completas". Simplemente comienza a contar una historia sin concluirla para poder regresar más tarde si el diálogo se estanca.

- Un lenguaje fresco, novedoso y vívido hará que la conversación sea más atractiva. Utilice metáforas para explicar temas complejos en términos identificables; conectarse emocionalmente mediante el uso de un lenguaje convincente o imágenes vívidas; ¡Deja que tu entusiasmo se muestre!

- Tenga en cuenta que las conversaciones deben centrarse en conectarse y escuchar en lugar de competir o actuar; utilizar el "sí y" de la comedia de improvisación como guía mantendrá las cosas abiertas y dinámicas. Abandone las nociones preconcebidas sobre el objetivo de su conversación y simplemente siga lo que surja: ¡como resultado su conversación se sentirá más natural, alegre y conectada!

Capítulo 4. Comunicarse sin palabras (...y qué no decir)

- Lo que no dices también puede ser igualmente crucial. Al hablar, asegúrese de incluir pausas en los momentos apropiados para transmitir confianza o énfasis y permitir que su audiencia tenga tiempo suficiente para procesar lo que ha dicho.

- Utilice el principio de Pareto, también conocido como la regla 80-20, y trate de concentrarse en hacer que su conversación sea 80% sobre los demás y 20% sobre usted mismo. Escuche, haga preguntas y preste atención en lugar de imponer ciertos temas a otra persona o interrumpir.

- Tenga cuidado con las microexpresiones (movimientos faciales pequeños y rápidos), especialmente si parecen discordantes con lo que alguien está diciendo. Las microexpresiones revelan sus verdaderos sentimientos.

- Observar sus sentimientos le permitirá comprender mejor su condición.

- Preste atención y asegúrese de que las respuestas sean rápidas; la gente tiende a responder más fácilmente cuando las cosas siguen siendo discretas y receptivas.

- Sin embargo, puede ser mejor terminar una conversación que parece estancada en lugar de entrar en pánico cuando las cosas parecen haberse calmado.

- Si se dirige hacia un conflicto, dé un paso atrás y evalúe si los comentarios de alguien reflejan disonancia cognitiva; Si es así, aléjese e intente establecer una buena relación nuevamente en lugar de presionar más: ¡presionar sólo provocará más resistencia! ¡Tenga cuidado de no tener opiniones incompatibles o irrazonables!

Capítulo 5. Aumente su inteligencia conversacional (CQ)

- Ser encantador requiere cultivar la conciencia social y la inteligencia conversacional. Lograr esto requiere empatía y la capacidad de salir de su burbuja de realidad para reconocer cualquier punto ciego que pueda tener al conversar.

- Nunca asumas que otras personas piensan, sienten o creen como tú o que su experiencia de conversaciones coincide con la tuya. Escuche atentamente cuando otros compartan con usted y tenga la mente abierta; en lugar de hacer suposiciones y conjeturas.

- Contrariamente a los consejos convencionales sobre las conversaciones triviales, puedes establecer una buena relación con extraños profundizando deliberadamente con ellos, y dichas conversaciones pueden resultar menos incómodas de lo esperado. Solo asegúrese de no quejarse ni obligar a las personas a responder de una manera particular.

- Utilice los principios de la lectura en frío para demostrar que está escuchando y comprendiendo sus necesidades al invitar a participar, hacer afirmaciones generalizadas de alta probabilidad con baja probabilidad de incredulidad, restar importancia a las conjeturas incorrectas, recopilar observaciones y reunir más pruebas que demuestren a las personas que realmente le importan.

- Las personas tienden a enmascarar su deseo de que las conversaciones terminen permaneciendo pasivo-agresivas; la mayoría prefiere que las conversaciones terminen antes. Esté seguro al desconectarse con gracia, esperando una oportunidad adecuada, iniciando una discusión positiva, ofreciendo una excusa y saliendo con calidez pero también con inquietud.

CAPÍTULO 6. Un análisis del tema general

- En este punto, la escucha activa se vuelve clave. Esta técnica implica entablar conversaciones mientras se está en el lado receptor; muchos pueden creer erróneamente que recibir equivale a sentarse en silencio; Proporcionamos nueve tipos de respuestas para la escucha activa cuando se intenta crear relaciones profundas: comprender, retener, responder, reafirmar, reflexionar, resumir, etiquetar las emociones, sondear con preguntas capciosas y el silencio son solo algunas de las formas en que la escucha activa puede ayudar a profundizar las relaciones.

- Compartir demasiado puede parecer una decisión arriesgada, pero las investigaciones demuestran lo contrario: abrirse a los demás hace que les agrademos y confíen más en nosotros. Al compartir detalles sobre usted mismo y brindar detalles específicos sobre sus experiencias de vida, se diferenciará de los estereotipos y, al mismo tiempo, hará que la vida parezca más fascinante y atractiva para los demás.

EL FIN

por Natasha Tillett Slayton